코딩
어드벤처

with

성경 이야기

코딩 어드벤처 with 성경 이야기

초판 인쇄 · 2021년 2월 10일
초판 발행 · 2021년 2월 20일

지은이 · 강병서
펴낸이 · 한봉숙
펴낸곳 · 푸른사상사

주간 · 맹문재 | 편집 · 지순이 | 교정 · 김수란, 노현정 | 마케팅 · 한정규
등록 · 1999년 7월 8일 제2-2876호
주소 · 경기도 파주시 회동길 337-16(서패동 470-6)
대표전화 · 031) 955-9111(2) | 팩스 · 031) 955-9114
이메일 · prun21c@hanmail.net / prunsasang@naver.com
홈페이지 · http://www.prun21c.com

ⓒ 강병서, 2021

ISBN 979-11-308-1771-2   03000

값 29,000원

코딩
어드벤처

with

성경 이야기

강병서

푸른사상
PRUNSASANG

제4차 산업혁명은 2000년대에 들어와 시작되었다. 언제 어디서나 누구하고든 연결이 가능하며 인간의 상상력이 표상화된다는 것이 이 과학혁명의 특징이다. 모든 것이 데이터화하고 표현된다. 숫자는 말할 것도 없고, 문자, 소리, 이미지 등이 디지털로 자료화된다. 컴퓨터 머신이 스스로 학습할 수 있기에 인공지능은 지속적으로 발전하고 있다. 오늘의 인공지능 기술은 컴퓨터공학뿐만 아니라 철학, 심리학, 수학, 생명공학, 예술 등 거의 모든 학문을 아우르는 문자 그대로 만물 상자가 되었다. 인공지능 수준은 인간의 상상력을 초월해가고 있다.

이러한 시대에 인간관계도 변화하고 있다. 인공지능이 인간 사이의 교류에 끼어들고, 인간의 역할을 대신해간다. 그렇다고 모든 것을 인공지능에게 맡길 수는 없다. 현대인에게 지식은 과거 어느 때보다 중요해졌다. 지식이란 어떤 대상에 대한 명확한 인식이나 이해를 뜻한다. 이 지식은 신성, 인성, 과학 등 세 종류로 구분할 수 있다. 신성 지식은 경전에서 제시하는 신(하나님)을 경외함으로써 지혜를 얻게 해준다. 인성 지식은 철학, 심리학, 역사 등을 통하여 내가 누구이며 인간관계를 어떻게 유지해야 하는가를 알려준다. 그리고 과학 지식은 세상의 기술적 변화에 적응하는 필요조건을 제시한다.

눈에 보이지 않는 하나님에 대한 지식은 성경을 통해 만물에 대한 환경적 여건을 인식하게 해준다. 이것은 영적이다. 그리고 인성 지식은 인간의 관계적 도구이며 과학 지식은 기술적 도구이다. 새로운 과학혁명에 적응하려면 이 세 가지 지식을 균형 있게 습득해야 한다. 이 지식과 함께 본서에서 코딩 기술을 익힌다면 양 날개를 달고 하늘 높이 날아 오르는 경험을 할 것이다.

코딩이란 문제 해결을 위해 컴퓨터 언어로 논리적이고 순차적으로 명령문을 나열하는 작업이다. 이것은 식자재를 레시피에 따라 조리해 나가는 요리 과정에 비유할 수 있다. 한 단계씩 거치다 보면 마지막에 하나의 작품(요리)을 얻게 된다.

이 책의 특징은 다음과 같다.

첫째, 신성, 인성, 과학 등의 지식을 코딩과 결합하였다. 성경을 신학적 또는 과학적으로 해석한 책은 많지만 코딩과 결합한 책은 찾아보기 어렵다. 이 책에서는 사랑 실천, 선악 구별, 가정 화합, 친구 우애 등을 담은 스토리텔링을 코딩과 함께 인문학적으로 폭 넓고 깊이 있게 사고할 수 있도록 하였다.

둘째, 글쓰기 과정을 중시하였으며 글쓰기와 찬송가 연주를 코딩 기술에 연결하였다. 이 책은 성경 이야기 속의 등장 인물 관점과 기승전결 과정을 논리적으로 완성하도록 격려한다. 이 형식을 배우면 누구든지 글쓰기에 부담 없이 도전할 수 있다. 글쓰기를 애니메이션, 영어 등과 결합하고 찬송가 연주 시에는 다양하면서도 난이도를 높여 흥미를 배가시켰다. 코딩이 언어, 음악, 미술, 수학 등을 종합적으로 다룰 수 있는 기술임을 알게 된다.

셋째, 스크래치(Scratch)와 파이썬(Python)을 함께 소개하였다. 스크래치는 초중고생들이 코딩에 흥미를 가질 수 있도록 개발된 소프트웨어이고, 파이썬은 자료 분석, 그래픽 표현, 기계 학습 등을 지원하는 고급 언어이다. 모두 오픈소스이다. 이 책은 스크래치를 먼저 익히고 동일한 내용을 가지고 파이썬에 도전할 수 있도록 설계하였다. 두 언어를 함께 공부하면 논리적인 사고를 배우고 분석과 표현 능력을 키울 수 있다.

시대가 급속하게 변하고 있다. 학교에서 돌아온 아이들을 학원에만 맡겨두고 새로운 지식 습득을 외면하는 사람은 새로운 시대에 흥미롭게 적응하기 어렵다. 게다가 코로나로 인한 사회적 변화를 경험하면서 가정의 역할은 복잡해지고 있다. 가정은 가족 구성원의 합숙소 기능을 넘어서서 서로 배우고 가르치는 곳이 되어야 한다. 만일 기독교인이라면 가정이 교회 역할을 해야 한다고 생각할 것이다. 가정은 홈스쿨링(home-schooling)과 함께 홈채플링(home-chapeling) 기능을 가져야 한다. 이 책은 두 기능을 모두 수행할 수 있도록 설계되었다.

저자는 최근 『스크래치와 R 코딩 어드벤처』(2019년 세종도서 교양 부문 우수도서 선정)라는 책을 펴낸 바 있다. 이 책은 그것을 한 단계 업그레이드했다. 이 책이 추구하는 것은 지적인 자긍심과 관계적인 협동심이다. 균형 잡힌 지식을 통해 자신을 돌아보고 타인을 이해하는 유익한 기회가 오기 바란다. 스크래치와 파이썬은 사용자에게 논리와 창의력 그리고 성취감을 선물할 것이다. 두 언어는 모두 오픈소스로서 무료로 제공되므로 인터넷 환경에서 마음 놓고 사용할 수 있다. 프로그램 제작사에게 감사한다.

원고를 읽고 지적해준 아내 김미경, 음악 분야에서 도움을 준 김미화 선생에게 감사의 마음을 전한다. 그리고 출간해주신 푸른사상사 관계자 여러분께도 감사드린다.

2021년 1월
저자 드림

PART Ⅱ 파이썬 세계

PART I

스크래치 세계

제1장 스크래치 준비하기

학습목표

스크래치	① 스크래치 다운받기와 회원 가입 실행하기
	② 스크래치의 구조 익히기
	③ 스크립트의 내용 익히기
	④ 파일 입력과 저장을 공부하기

천 리 길도 한걸음(The journey of a thousand miles begins with one step).

계단을 밟아야 계단 위에 올라설 수 있다. — 터키 속담

한 번의 실패와 영원한 실패를 혼동하지 마라. — F. 스콧 피츠제럴드

제1절 스크래치란?

스크래치(Scratch)는 미국 MIT 대학 미디어랩의 평생유치원그룹(Lifelong Kindergarten Group)에서 개발한 프로그래밍 언어다. 오픈소스로서 누구나 어디서나 무료로 접근 가능하며, 세계 150여 개 나라에서 40여 개 언어로 사용되고 있다. 스크래치라는 이름은 디스크 자키가 레코드판을 손으로 밀어 돌리면서 소리를 섞어 다른 효과음을 만들어내는 기술을 의미하는 음악 용어에서 나왔다. 이 책의 스크래치도 숫자, 언어, 그림, 소리 등과 같은 다양한 수단을 섞어서 작업을 한다는 뜻이다.

레고 장난감에서 아이디어를 얻어 개발한 스크래치는 코딩 블록을 쌓아 프로그래밍 작업을 가능하게 한다. 손쉬운 블록 작업으로 시각적이고 청각적인 결과물을 즉각 얻을 수 있어 성취감을 높여준다. 상호작용 대화, 게임, 작곡, 애니메이션 등을 직접 만들 수 있고, 그 프로젝트(작품)를 국내뿐만 아니라 외국의 온라인 커뮤니티에서도 여러 사람들과 공유할 수 있다.

스크래치는 주로 10대를 대상으로 만들어졌다. 그러나 최근에는 다양한 연령층에서 사용하고 있어, 가정에서 부모와 자녀가 함께 공부하고 소통하는 언어로 추천된다. 마치 영어나 중국어 같은 외국어를 함께 공부하는 것과 같다. 가정에서뿐만 아니라 학교, 학원, 도서관, 지역 센터 등 다양한 장소에서 스크래치 프로젝트를 공유할 수 있다.

학습자들은 스크래치를 통하여 창의적 사고, 체계적 추론, 협동 작업 등을 배울 수 있다. 초등학교부터 대학 수준까지의 학생들은 물론 성인들도 수학, 통계학, 과학, 인문학, 예술 등의 다양한 분야에서 스크래치와 함께 학습이 가능하다. 교육에 관심 있는 사람은 ScratchEd 웹사이트에서 경험과 자료들을 검색하고, 공유하며 또한 질문함으로써 궁금증을 풀 수 있다. Scratch : Programming for All에 들어가면 스크래치 연구와 스크래치 관련 통계를 참고할 수 있다.

제2절 스크래치에 접속하기

스크래치는 크롬(chrome) 웹 브라우저에서 웹 사이트 https://scratch.mit.edu에 들어가면 접속이 가능하다(주의 : 인터넷 익스플로러(Internet Explorer) 브라우저에서는 접속되지 않음). 스크래치 회원 가입은 매우 쉽다.

1단계 다음 초기 화면에서 [스크래치 가입]을 선택한다.

2단계 사용자 이름과 비밀번호를 입력하면 회원가입이 되면서 로그인이 가능해진다.

3단계 로그인 화면의 메뉴에서 [**만들기**]를 선택한다.

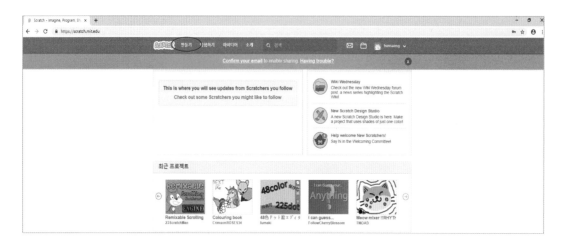

4단계 툴바 상단 왼쪽의 🌐▼를 눌러 [**한국어**]를 선택한다.

5단계 스크래치 구조는 다음과 같이 [스크립트 저장소와 창], [무대 배경 저장소와 창], [스프라이트 저장소와 창] 그리고 이들을 관리하는 [통제소]로 구성되어 있다.

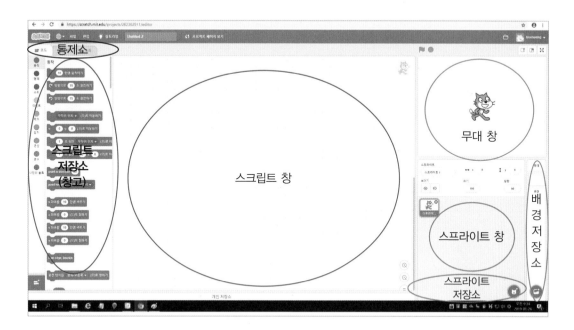

세 창들의 기능을 [도표 1-1]에 간단히 정리하였다.

[도표 1-1] 세 창의 기능

창	기능 설명	비고
스크립트 창 (Script)	[코드] 통제소에는 명령문 블록이 있는 9개의 기본 창고가 있다. 현재 [동작] 창고에 3개 블록이 보인다. 블록을 마우스 포인터로 잡아서 오른쪽 화면으로 옮겨 코딩 작업을 할 수 있다.	붉은 타원은 [통제소]를 나타낸다. [모양] 통제소는 각종 스프라이트(아이콘)를 보여준다. [소리] 통제소는 각종 음향 서비스를 제공한다.
무대 창 (Stage)	코딩의 실행 결과를 시각적으로 보여준다. 현재 꼬마 고양이(이하 야옹이라 함)가 나와서 무대에서 맞이한다.	[배경] 저장소의 을 누르면 [무대 창]에 제시되는 여러 배경을 선택할 수 있다.
스프라이트 창 (Sprite)	야옹이 같은 스프라이트(아이콘)가 다양하게 저장되어 있다.	[스프라이트] 저장소의 을 누르면 각종 스프라이트가 있다.

간단히 종합하면 컴퓨터 언어인 스크래치로 코딩한다는 것은 배우(야옹이 스프라이트)가 무대에서 연기하도록 명령문(스크립트)을 순차적으로 구성하는 작업을 말한다. 이 과정을 총괄하는 곳이 **[통제소]**이다. 세 창들의 상호관계는 코딩을 작업하는 도중 상세하게 설명한다.

그런데 **[스크립트 창]**의 **[코드]** 창고는 코딩과 직접 관련이 있으므로 전체적인 이해를 돕기 위해 **[도표 1-2]**에 블록들을 모아놓았다. 초기화면에서는 9개의 창고가 보인다.

[도표 1-2] [스크립트] 저장소의 창고와 블록들

창고	블록 종류
동작	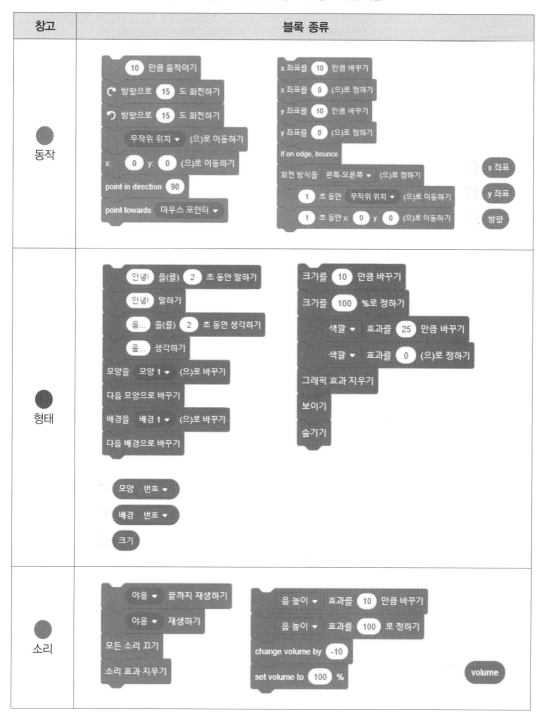
형태	
소리	

창고	블록 종류
이벤트	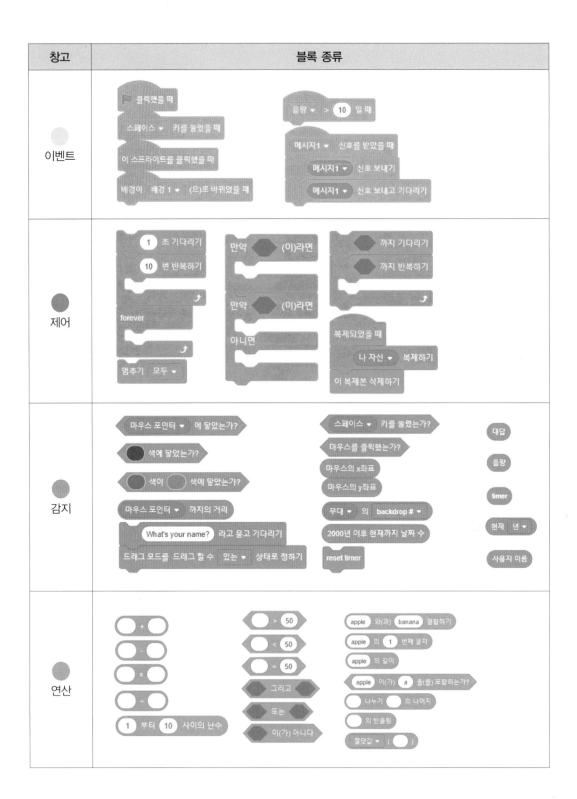
제어	
감지	
연산	

창고	블록 종류
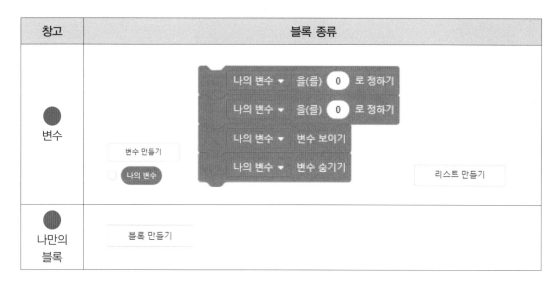변수	
나만의 블록	

* [변수 만들기], [리스트 만들기], [블록 만들기] 등은 기회가 오면 설명한다.

제3절 파일 입력과 저장하기

파일의 입력과 저장은 컴퓨터 작업의 기본이다. 애써 만든 코딩 작업을 잘 보관해놓자. 여기서는 야옹이의 정사각형 그리기를 코딩한 후에 파일 저장에 대해 설명한다.

아래 화면은 [스크립트 창]의 코딩과 [무대 창]의 실행 결과인 사각형 그림을 보여준다. 이 결과를 얻기 위한 과정을 단계적으로 살펴보자.

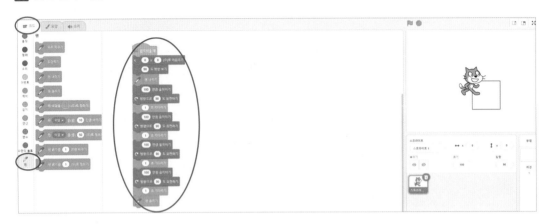

1단계 입력(코딩)하기

아래 코딩은 위 전체 결과 화면의 것을 확대한 것이다. 입력하기는 위 화면 왼쪽 [**스크립트 저장소**]에 있는 9개의 창고에서 적절한 블록을 마우스 왼쪽으로 잡은 후 오른쪽 화면으로 옮기면 된다. 그리고 초기화면에 없었던 [**펜**] 창고가 추가되었다(26쪽의 **참고** 에서 설명).

🏠 정사각형 코딩

10개 블록 설명 [창고 이름]

① 클릭하면 프로그램이 실행된다. [이벤트]

② 야옹이가 원점에서 대기한다. [동작]

③ 야옹이가 정면(90도)을 바라본다. [동작]

④ 펜 그리기를 준비한다. [펜]

⑤ 100만큼 이동한다. [동작]

⑥ 시계 방향으로 90도 돈다. [동작]

⑦ 1초 기다린다. [제어]

⋮

이하 ⑤ ~ ⑦ 세 번 반복한다.

⋮

⑰ 펜 그리기를 끝낸다. [펜]

이 코딩 프로그램은 17개의 블록들로 구성되어 있다. 블록들에 홈이 파여 있어 서로 들어맞도록 고안되었고, 블록 쌓기는 알고리듬에 따라 레고처럼 쌓는다.[1] 그리고 ⑤ ~ ⑦의 블록을 한번에 복사하려면 ⑤에서 마우스 우클릭하면 된다.

---

1 잘못 선택한 블록이 있으면 그것을 마우스 좌로 잡아서 창고 자리에 다시 옮겨 놓으면 된다.

[펜] 창고는 초기화면의 좌하단에 있는 [확장 기능 추가하기]를 누르면 아래 창이 나오고, [펜]을 선택한다.

다음은 [펜] 창고의 블록들이다.

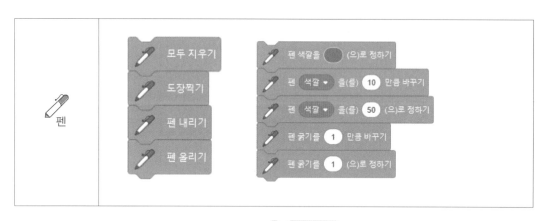

만일 [무대 창] 그림이 적절하지 못한 경우에는 ![모두 지우기]를 누르면 지워진다.

실행하기

프로그램 실행은 그리 어렵지 않다. 어떤 블록을 클릭해도 실행된다. 지붕 모양의 첫 블록은 대표 성격을 갖는다. 그리고 오른쪽 [무대 창] 상단의 깃발 ![깃발]을 눌러도 실행된다. 차이점으로서 전자는 해당 프로그램만 실행되지만, 후자는 프로그램 전체에 모두 해당된다. 참고로 이 깃발 옆의 빨강 표시 ●는 실행 정지를 뜻한다.

3단계 [스크립트 창]의 파일 저장하기
스크래치의 파일 저장은 좀 까다로워 보인다. [스크립트 창]의 코드와 [무대 창]의 결과물을 별도로 저장하기 때문이다. 먼저 [스크립트 창]에서 코딩한 프로그램을 저장하려면, 툴바의 [파일]을 누르고 진행한다.

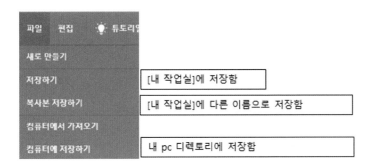

[**저장하기**] : 파일 이름을 "Untitled"에서 "사각형"으로 바꾸고, [**저장하기**]를 누르면 사용자 이름의 [**내 작업실**]에 저장된다.

[**복사본 저장하기**] : "사각형 copy"가 [**내 작업실**]에 저장된다. 이 복사본은 나중에 다른 이름으로 바꾸어 사용하면 유용하다.

[**컴퓨터에 저장하기**] : 내 PC의 적절한 디렉토리에 저장된다. 현재는 내 PC의 [**다운로드**]에 저장되므로, 나중에 다른 디렉토리에 옮기면 된다.

4단계 [무대 창]의 사각형 그림 저장하기
[**무대 창**]의 결과물인 "사각형 그림"은 별도로 저장해야 한다. 왜냐하면 앞 단계에서 프로그램 (코드)만 저장되었기 때문이다. 그림 저장을 위해서는 [**무대 창**] 아무 곳에서나 마우스 오른쪽을 누르면 [**다른 이름으로 저장**] 창이 나오고, 내 PC의 원하는 곳에 "사각형.png" 파일로 저장한다.

만일 야옹이 스프라이트를 안 보이게 하려면 [보이기]에서 오른쪽 단추를 선택한다.

5단계 파일 불러오기

저장된 파일을 나중에 다시 불러오려면 어떻게 하면 좋을까? 여러가지 방법이 있다. 하나는 스크래치 화면 오른쪽 상단의 📁을 누르거나 또는 🐱 사용자 이름 아이디 ⇨ [내 작업실]에 가서 불러오면 된다. 다른 하나는 내 PC 디렉토리에 가서 툴바의 [파일] ⇨ [컴퓨터에서 가져오기]에서 불러오면 된다. 이때 스크래치의 빈 파일(Untitled)을 열어둔 상태에서 진행한다. 여기서는 첫 번째 것을 택한다.

여기서 [스크립트 보기]를 클릭하면 코딩(스크립트)만 나타난다. 빈 무대에 당황하지 말고, 코딩을 다시 실행하면 된다. [무대 창]의 결과가 필요하면 "사각형.png" 파일을 별도로 불러온다.

6단계 코딩 수정하기

코딩을 개선하려면 수정해야 한다. 이때 원본을 보존하고 복사본을 이용한다. 원본을 훼손하지 않도록 한다. 복사본은 [**파일**] ⇨ [**복사본 저장하기**]를 선택한다. 그러면 예를 들어 "1.1 사각형" 파일에서 "1.1 사각형 copy" 파일을 얻을 수 있다.

제4절 오프라인 스크래치

스크래치 작업은 주로 온라인에서 이루어지지만, 오프라인으로도 가능하다.

1단계 크롬에서 다음 url 을 입력하면 된다. https://scratch.mit.edu/download

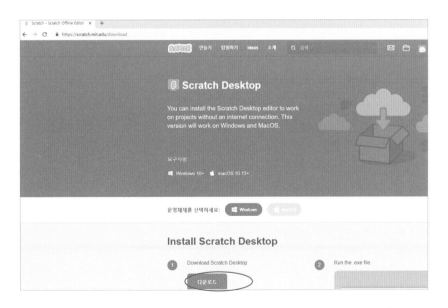

2단계 위 화면에서 다운로드를 누르면, 화면 하단 왼쪽에 실행파일 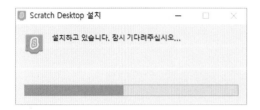 이 뜬다. 이것을 누르면 다음 화면처럼 설치된다.

이것이 끝나면, 내 PC화면 왼쪽 하단의 ⊞ (또는 ⦿)에서 🅢 Scratch Desktop 폴더에 가서, 마우스 왼쪽으로 아이콘을 잡아서 바탕화면으로 옮긴다. 주로 온라인에서 작업하면 오프라인 스크래치는 크게 유용하지 않다.

🐱 야옹이 생각

코딩 작업에는 느긋한 인내심이 필요하다. 특히 기초적인 파일 관리 방법을 잘 배워두어야 훗날 편리하다. 뜨겁지만 냉정하게 공부하자. 지금 모른다고 그냥 넘어가면 다음 것도 그냥 넘어가게 되고 그러면 곧 포기하게 된다. 서두르지 말고 천천히 하나 하나 확인해 가면서 조금씩 아는 재미를 붙여보자. 이제 본격적으로 코딩 어드벤처를 시작해보자.

스크래치에 대한 다양한 질문은 다음을 참고하기 바란다.

https://scratch.mit.edu/info/faq#scratch3

제2장 요셉의 청년 시절

학습목표

성경	① 청년 시절 요셉에 대해 알기 ② 요셉과 가족들 사이의 관계를 조사하기
코딩	① 애니메이션의 기본 이해하기 ② 글쓰기의 기승전결 실습하기 ③ [반복문] 사용 ④ [개인저장소] 이용하기 ⑤ 노래 3절까지 연주하기

기도하지 않아도 될 만큼 작은 짐은 없다. 기도해도 소용없을 만큼 큰 문제는 없다. ― 성 패트릭(386~461)

새 계명을 너희에게 주노니 서로 사랑하라. 내가 너희를 사랑한 것같이 너희도 서로 사랑하라. ― 성경(요한복음 13:34)

제1절 성경 이야기

제2절 관점과 글쓰기

제3절 코딩하기

제4절 코딩 개선하기

제5절 교훈 나누기

제6절 과제

제1절 성경 이야기

배경

요셉(BC 1915년 출생)의 아버지는 야곱이며, 할아버지는 이삭이다. 그리고 증조할아버지는 아브라함(BC 2166년 출생)이다. 아브라함은 이스라엘 민족 가운데 믿음의 조상으로 일컬어진다. 요셉은 아버지의 편애를 받고 형들의 질투심으로 이집트에 팔려갔다. 수많은 고생 끝에 그는 이집트 총리 자리에 오르고 가족들과 극적인 만남을 이룬다. 악을 선으로 갚고 가족 사랑을 일깨워준 요셉 이야기이다. 여기서는 요셉의 어린 청년 시절에 대해 이야기를 나누어보기로 한다.

1.1 성경 읽기[1]

[개역 개정판] 창세기 37장 : 1~36절

1 야곱이 가나안 땅 곧 그의 아버지가 거류하던 땅에 거주하였으니 2 야곱의 족보는 이러하니라 요셉이 십칠 세의 소년으로서 그의 형들과 함께 양을 칠 때에 그의 아버지의 아내들 빌하와 실바의 아들들과 더불어 함께 있었더니 그가 그들의 잘못을 아버지에게 말하더라 3 요셉은 노년에 얻은 아들이므로 이스라엘이 여러 아들들보다 그를 더 사랑하므로 그를 위하여 채색옷을 지었더니 4 그의 형들이 아버지가 형들보다 그를 더 사랑함을 보고 그를 미워하여 그에게 편안하게 말할 수 없었더라 5 요셉이 꿈을 꾸고 자기 형들에게 말하매 그들이 그를 더욱 미워하였더라 6 요셉이 그들에게 이르되 청하건대 내가 꾼 꿈을 들으시오 7 우리가 밭에서 곡식 단을 묶더니 내 단은 일어서고 당신들의 단은 내 단을 둘러서서 절하더이다 8 그의 형들이 그에게 이르되 네가 참으로 우리의

---

1 웹사이트에서, 대한성서공회 ⇨ 성경읽기 ⇨

역본 선택	개역개정 ∨		성경 검색	평행 본문 보기
성경 읽기	책: 창세기 장: 1 절: 1 읽기			
검색		🔍	소제목 검색	역본별 절비교
	초기한글 역본 읽기			

왕이 되겠느냐 참으로 우리를 다스리게 되겠느냐 하고 그의 꿈과 그의 말로 말미암아 그를 더욱 미워하더니 9 요셉이 다시 꿈을 꾸고 그의 형들에게 말하여 이르되 내가 또 꿈을 꾼즉 해와 달과 열한 별이 내게 절하더이다 하니라 10 그가 그의 꿈을 아버지와 형들에게 말하매 아버지가 그를 꾸짖고 그에게 이르되 네가 꾼 꿈이 무엇이냐 나와 네 어머니와 네 형들이 참으로 가서 땅에 엎드려 네게 절하겠느냐 11 그의 형들은 시기하되 그의 아버지는 그 말을 간직해 두었더라 12 그의 형들이 세겜에 가서 아버지의 양 떼를 칠 때에 13 이스라엘이 요셉에게 이르되 네 형들이 세겜에서 양을 치지 아니하느냐 너를 그들에게로 보내리라 요셉이 아버지에게 대답하되 내가 그리하겠나이다 14 이스라엘이 그에게 이르되 가서 네 형들과 양 떼가 다 잘 있는지를 보고 돌아와 내게 말하라 하고 그를 헤브론 골짜기에서 보내니 그가 세겜으로 가니라 15 어떤 사람이 그를 만난즉 그가 들에서 방황하는지라 그 사람이 그에게 물어 이르되 네가 무엇을 찾느냐 16 그가 이르되 내가 내 형들을 찾으오니 청하건대 그들이 양치는 곳을 내게 가르쳐 주소서 17 그 사람이 이르되 그들이 여기서 떠났느니라 내가 그들의 말을 들으니 도단으로 가자 하더라 하니라 요셉이 그의 형들의 뒤를 따라 가서 도단에서 그들을 만나니라 18 요셉이 그들에게 가까이 오기 전에 그들이 요셉을 멀리서 보고 죽이기를 꾀하여 19 서로 이르되 꿈 꾸는 자가 오는도다 20 자, 그를 죽여 한 구덩이에 던지고 우리가 말하기를 악한 짐승이 그를 잡아먹었다 하자 그의 꿈이 어떻게 되는지를 우리가 볼 것이니라 하는지라 21 르우벤이 듣고 요셉을 그들의 손에서 구원하려 하여 이르되 우리가 그의 생명은 해치지 말자 22 르우벤이 또 그들에게 이르되 피를 흘리지 말라 그를 광야 그 구덩이에 던지고 손을 그에게 대지 말라 하니 이는 그가 요셉을 그들의 손에서 구출하여 그의 아버지에게로 돌려보내려 함이었더라 23 요셉이 형들에게 이르매 그의 형들이 요셉의 옷 곧 그가 입은 채색옷을 벗기고 24 그를 잡아 구덩이에 던지니 그 구덩이는 빈 것이라 그 속에 물이 없었더라 25 그들이 앉아 음식을 먹다가 눈을 들어본즉 한 무리의 이스마엘 사람들이 길르앗에서 오는데 그 낙타들에 향품과 유향과 몰약을 싣고 애굽으로 내려가는지라 26 유다가 자기 형제에게 이르되 우리가 우리 동생을 죽이고 그의 피를 덮어둔들 무엇이 유익할까 27 자 그를 이스마엘 사람들에게 팔고 그에게 우리 손을 대지 말자 그는 우리의 동생이요 우리의 혈육이니라 하매 그의 형제들이 청종하였더라 28 그때에 미디안 사람 상인들이 지나가고 있는지라 형들이 요셉을 구덩이에서 끌어올리고 은 이십에 그를 이스마엘 사람들에게 팔매 그 상인들이 요셉을 데리고 애굽으로 갔더라 29 르우벤이 돌아와 구덩이에 이르러 본즉 거기 요셉이 없는지라 옷을 찢고 30 아우들에게로 되돌아와서 이르되 아이가 없도다 나는 어디로 갈까 31 그들이 요셉의 옷을 가져다가 숫염소를 죽여 그 옷을 피에 적시고 32 그의 채색옷을 보내어 그의 아버지에게로 가지고 가서 이르기를 우리가 이것을 발견하였으니 아버지 아들의 옷인가 보소서 하매 33 아버지가 그것을 알아보고 이르되 내 아들의 옷이라 악한 짐승이 그를 잡아 먹었도다 요셉이 분명히 찢겼도다 하고 34 자기 옷을 찢고 굵은 베로 허리를 묶고 오래도록 그의 아들을 위하여 애통하니 35 그의 모든 자녀가 위로하되 그가 그 위로를 받지 아니하여 이르되 내가 슬퍼하며 스올로 내려가 아들에게로 가리라 하고 그의 아버지가 그를 위하여 울었더라 36 그 미디안 사람들은 그를 애굽에서 바로의 신하 친위대장 보디발에게 팔았더라

위 성경 이야기에서 적절한 곳을 끊어 읽고 표시해보자. 그리고 간단히 소제목도 붙여보자.

아버지 야곱의 가계도는 다음과 같다(창 29~30).[2]

부인	이름	자녀
첫째	레아 (외삼촌 라반의 첫째 딸)	1. 르우벤, 2. 시므온, 3. 레위, 4. 유다, 9. 잇사갈, 10. 스불론, 11. 디나(딸)
둘째	실바(레아의 여종)	7. 갓, 8. 아셀
셋째	라헬 (외삼촌 라반의 둘째 딸)	12. 요셉, 13. 베냐민
넷째	빌하(라헬의 여종)	5. 단, 6. 납달리

* 자녀의 번호는 연장자 순

1.2 등장 인물

아버지(야곱), 요셉, 어머니, 형들, 르우벤, 유다

1.3 주요 단어 찾기

사랑, 잘못, 채색옷, 꿈, 왕, 곡식단, 절, 별, 형, 양, 세겜, 시기, 구덩이, 짐승, 동생, 상인, 옷, 애

---

2 이스라엘 12 지파 이름
   1. 르우벤, 2. 시므온, 3. 유다, 4. 단, 5. 납달리, 6. 갓, 7. 아셀, 8. 잇사갈, 9. 스불론, 10. 베냐민, 11. 에브라임, 12. 므낫세

통, 위로

제2절 관점과 글쓰기

2.1 관점 갖기

여기서는 유다의 관점에서 이 이야기를 바라본다.

2.2 제목 정하고 이야기 쓰기

이야기 쓰기에서는 반드시 기승전결의 형식을 유지한다. 여기서 기(起)는 소재의 제시, 승(承)은 일반적 인식, 전(轉)은 작가의 특별한 인식, 결(結)은 작가와 독자가 함께 공감하는 내용을 각각 담는다.

제목 : 유다의 동생 야곱 사랑

(기) 내 이름은 유다이다. 우리 집에는 남자 형제가 모두 12명 있다. 나는 이 중에서 요셉을 가장 사랑한다. 요셉은 정직하고 건강하며 총명함이 말할 수 없이 높아 존경하는 마음이 절로 생길 정도다.

(승) 그러나 형제들은 아버지가 요셉을 편애하고 그가 잘 난척한다고 생각하기에 시기하고 미워했다. 나의 마음은 아팠다. 왜냐하면 형제들 간의 시기심은 가정의 행복을 깨뜨리는 행위이기 때문이다.

(전) 어느 날 멀리서 양을 치고 있을 때에 요셉이 우리들에게 반갑게 다가오며 먹을 것을 내놓았다. 그러나 형들은 시큰둥한 반응을 보이면서 갑자기 동생 요셉에게 달려들었다. 그리고서는 그를

묶어 구덩이에 쳐 넣었다. 그를 죽일 셈인가? 나는 너무 슬펐다. 그래서 내가 제안했다. 그러지 말고 상인들에게 노예로 팔아넘기자고 했다. 요셉이 목숨만큼은 건졌지만 갑자기 노예 신세로 전락되어 멀리 이집트에 팔려갔다.

(결) 세상에 이런 슬픈 이야기가 어디 있겠는가? 요셉이 죽었다는 거짓 보고에 아버지는 물론 식구들 모두의 충격은 이루 말할 수 없었다. 나는 아버지에게 사실대로 말할 수가 없었다. 나도 동조자이고 형제들의 복수가 무서웠다. 그 이후 동생 요셉의 소식은 듣지 못했다.

제3절 코딩하기

3.1 애니메이션 만들기

자막 애니메이션을 만들기 위해 원고 쓰기⇨[모양] 만들기⇨코딩하기 순서로 진행한다.

1단계 원고 쓰기

여기서는 앞의 초기원고 내용이 길어서 한 문장으로 재정리하였다. 추후 코딩 개선하기에서 초기원고의 전체입력을 보여줄 것이다.

제목 : 유다와 동생 요셉

(기) 내 이름은 유다이다. 나는 우리 형제들 중에서 동생 요셉을 가장 사랑했다.

(승) 그러나 몇몇 형제들은 아버지가 너무 편애한다고 생각했기 때문에 그를 미워했다.

(전) 어느 날 형제들이 멀리서 양을 치던 중, 심부름 온 요셉을 노예로 팔아 넘겼다.

(결) 집에 돌아왔으나 아버지에게 사실대로 말할 수 없었고 요셉에 대한 걱정 때문에 너무 슬펐다.

2단계 [모양] 만들기

[모양] 만들기는 위의 원고를 캔버스에 옮기기 위한 작업이다. 여기서 [모양]은 스프라이트의 여러 모습을 뜻한다. 다음에서 야옹이의 [모양 1]과 [모양 2] 두 모습이 보인다.

① 초기화면에서 [모양] 통제소를 선택하면 아래 화면이 나온다.

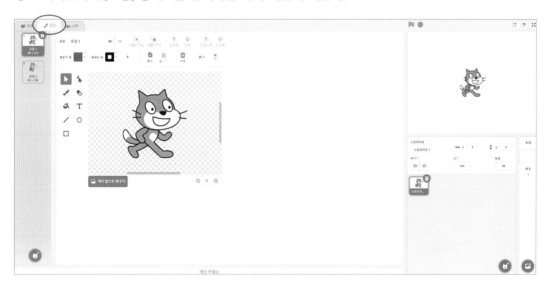

② 좌측의 [모양 1]을 마우스 우클릭하여 복사한다. 그러면 [모양 3]이 만들어진다.

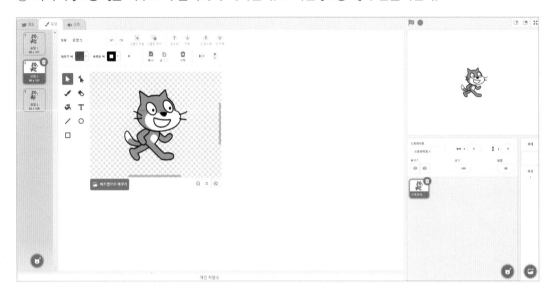

③ 상단 [삭제] 🗑 를 누르면 야옹이가 제거되고, 하단 🔍 = 🔍 에서 등호(=) 부호를 누르면 화면이 조정되면서 백지 캔버스가 마련된다.

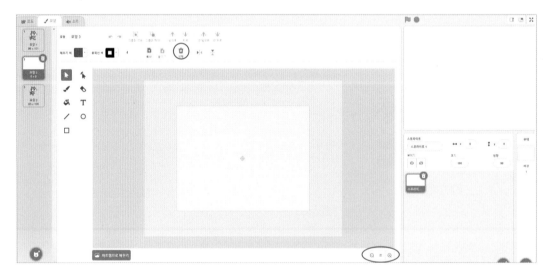

④ 계속해서 [모양 3]을 4개 복사해놓는다. 이것은 나중에 기승전결 원고를 기술할 때 이용한다. 그리고 [모양 1]은 제목 [모양 2]는 끝용도로 놓아둔다. 다음으로 [모양 3]의 캔버스 메뉴에서 **T**를 선

택하고 원고의 첫줄을 직접 타이핑한다.[3] 그리고 나서 키보드의 [화살표] 단추 또는 에서 마우스 포인터로 잡아 정가운데에 위치시킨다.

나머지 [모양 4], [모양 5], [모양 6]에서도 동일하게 진행한다. 현재 캔버스는 비트맵으로 바꾸기 모드로 되어 있다. 이에 대한 내용은 추후 설명한다.

⑤ 입력 작업이 모두 끝나면 [통제소]의 [코드]로 간다.

---

3 원고를 복사한 후에 입력하는 방법도 있다. 캔버스에서 T선택 ➩ 마우스 우클릭하면 직사각형 점선 박스가 나오고 [붙여넣기(P)]를 누르면 된다.

3단계 코딩하기

① [모양 1]에서 코딩하기

[모양] 통제소를 클릭하고 [모양 1]을 선택한다. 그러고 나서 다시 [코드] 통제소를 클릭한 후 아래와 같이 코딩 작업을 시작한다.

🏠 **전체 결과 화면**

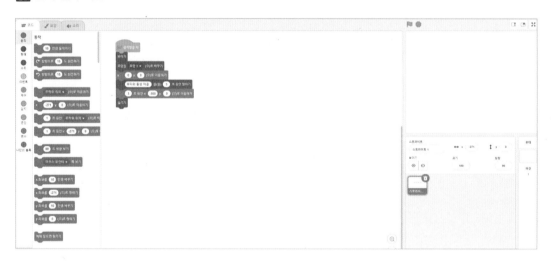

[창고] 이름

① 이벤트
② 형태
③ 형태
④ 동작
⑤ 형태
⑥ 동작
⑦ 형태

이 프로그램을 실행하면 야옹이가 행진한다. 그런데 뒷걸음으로 진행하기 때문에 어색하다. 앞으로 나아가게 하려면 [모양] 통제소 클릭 후 [모양 1]에서 와 를 선택한다.

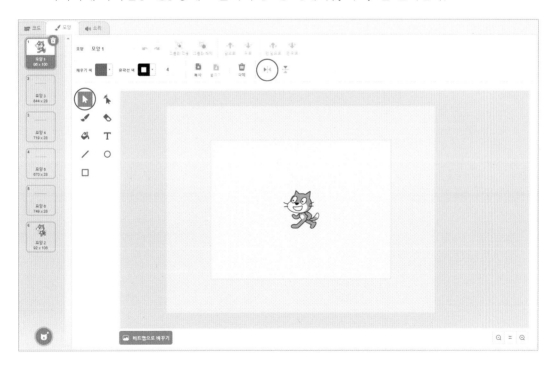

그리고 최하단의 [모양 2]도 동일하게 수정하여 앞으로 행진하도록 한다.

② 이제 위 화면에서 [모양 1]을 누른 후 [코드] 통제소에서 블록을 쌓는다.

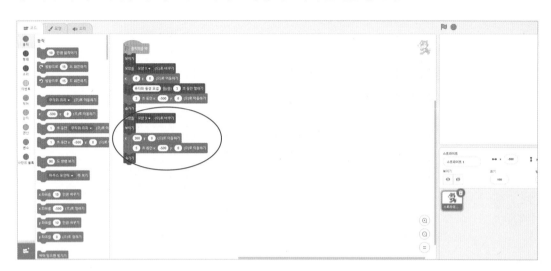

③ 계속해서 동일하게 아래와 같이 코딩하고 전체를 완성한다.

여기에서는 전체 코딩이 길어서 두 부분으로 나누었다. 실제로는 반드시 연결되어 있어야 한다. 우측의 축소(-) 부호를 누르면 화면이 작아져서 한꺼번에 연결할 수 있다. 그리고 차후에 메시지 블록을 이용하여 연결하는 법을 설명한다.

비록 코딩을 완성하였으나 효율성 문제를 생각해야 한다. 효율성이란 최소 노력으로 목표를 달성하는 것을 뜻한다. 다시 말해서 코딩 블록을 줄여서 동일한 결과를 만들어내는 것이다. 여기서는 [제어] 창고의 [반복하기] 블록 을 이용하여 효율적으로 코딩한다. 아래에서는 10을 4로 수정했다. 이 반복하기 원리는 코딩 핵심기술의 하나이다.

④ 실행하기 : 첫째 블록 "클릭 했을 때"를 클릭한다.

3.2 찬송가 코딩하고 연주하기

요셉의 청년 시절 이야기에서 형 유다는 참담함을 느꼈을 것이다. 그는 슬픔 속에서도 하나님께

기도하고 축복 주심을 믿는 마음을 유지해야 할 것이다.

여기서는 〈좋으신 하나님〉을 찬양한다.

음표 코딩은 제9장 예술적 사고의 음악에서 상세히 설명하고 있다. 다음은 전체 화면과 음표이다.

🏠 전체 결과 화면

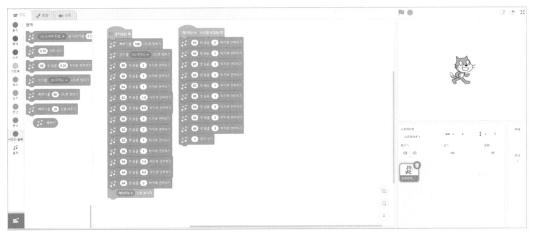

* 빠르기 표는 179쪽에 있다.

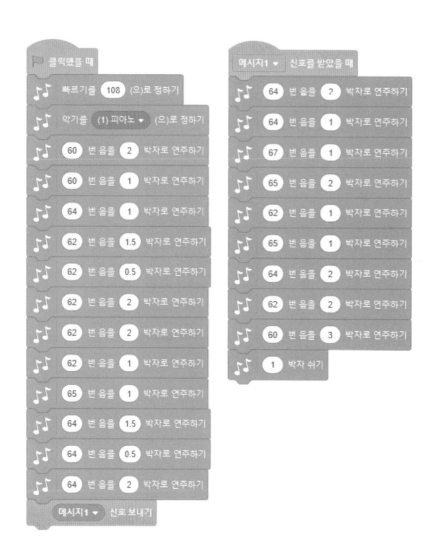

여기서 [제어] 창고의 메시지1 ▼ 신호 보내기 과 메시지1 ▼ 신호를 받았을 때 블록은 화면 협소 때문에 두 부분으로 나누어진 코딩 프로그램을 연결하는 역할을 한다.

현재 악기는 (1)피아노이지만 (14)바순으로 변경하면 다른 느낌이 든다. 악기 편성을 하여 그룹 오케스트라로 연주하면서 노래 부르기를 해보는 것도 색다른 즐거움을 줄 것이다.

제4절 코딩 개선하기

4.1 스프라이트 변경하기

"요셉의 청년 시절" 이야기에서 형 유다는 동생 요셉에 대해 슬퍼하며 안타깝게 여기고 있다. 야옹이의 기쁜 표정이 별로 어울리지 않는다. 이를 개선하는 방법을 생각해보기로 한다. 여기서는 슬프거나 심각한 표정의 스프라이트를 찾아서 바꾸어본다. 기존 야옹이를 다른 스프라이트(아이콘)로 변경하려면 다음 순서로 진행한다. 조금 복잡하므로 신경써야 한다.

1단계 복사본 만들기 : 원본 파일을 보존하고 복사본을 만든다. 메뉴에서 [**파일**] ➪ [**복사본 저장하기**]를 선택한다.

기존 모양을 저장하기 : 야옹이 [모양] 통제소에 원고가 들어 있는 [모양 3]~[모양 6]을 마우스로 잡아서 일단 [개인 저장소]에 저장해놓는다. 이를 위해 먼저 [개인 저장소]를 클릭해야 한다.

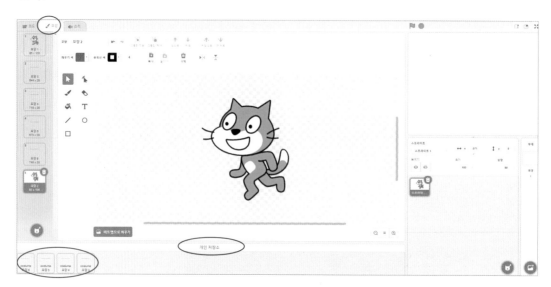

그리고 [코드] 통제소의 코딩 프로그램도 마우스로 잡아서 일단 [개인 저장소]에 저장해놓는다.

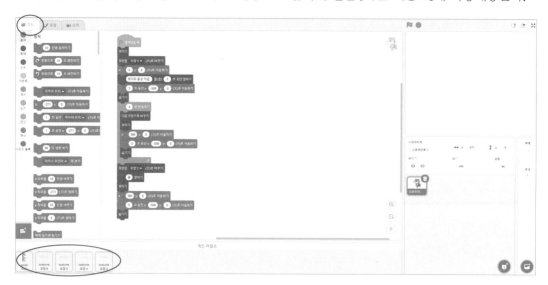

3단계 새 스프라이트 고르기 : 화면 우하단에서 **[스프라이트 고르기]**를 누르면 여러 모습이 나온다. 여기에서 **[Dee]**를 클릭하고 **[뒤로]** 간다.

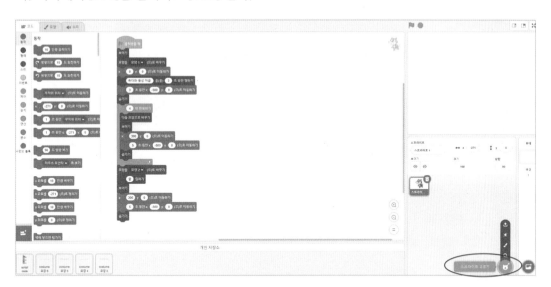

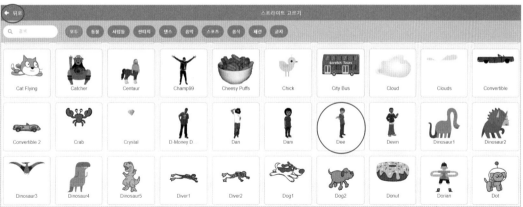

4단계 스프라이트 모양 선택과 야옹이 제거하기 : [Dee]의 [모양] 통제소에서 5개의 [Dee]가 보인다. 여기서 약간 심각해 보이는 듯한 5번째 [Dee]를 결정하고 나머지는 제거한다. 그리고 [스프라이트 창]의 야옹이 스프라이트를 마우스 우클릭하여 삭제한다.

5단계 [개인 저장소]에 저장된 프로그램을 마우스 왼쪽으로 잡아 [스크립트 창]으로 옮긴다.

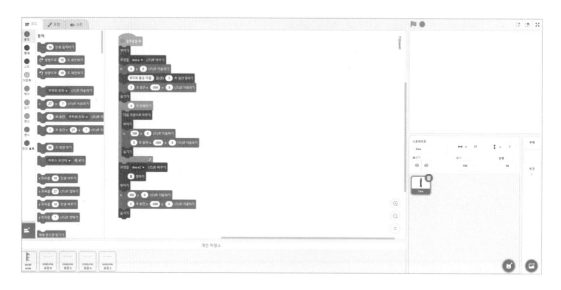

6단계 [모양] 통제소에서 4개의 [모양 3], [모양 4], [모양 5], [모양 6]을 차례로 올린다. 그리고 [모양 1]을 복사하고 끝에 배열한다.

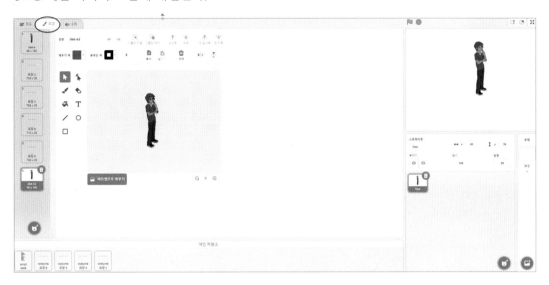

[Dee]의 우측 응시를 좌측으로 향하도록 한다. 캔버스 ▇에서 ▶ 를 클릭하면 된다

7단계 코딩의 3행 [모양 1] ⇨ [dee–e], 14행 [모양 2] ⇨ [dee–e2]로 변경한다. 그러면 완성이다.

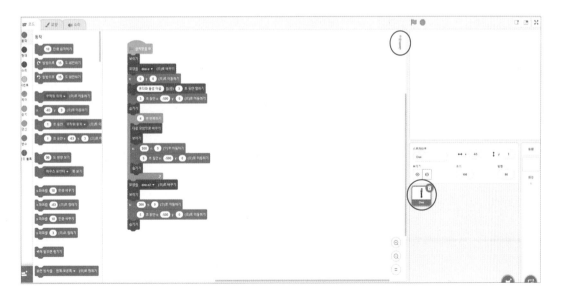

4.2 초기 원고 모두 입력하기

스크래치는 원고 분량이 너무 크면 감당하기 어렵다. 아래 원고에서 슬래시(/) 부호는 끊어서 입력하였다.

제목 : 유다의 동생 야곱 사랑

(기) 내 이름은 유다이다. 우리 집에는 남자 형제가 모두 12명 있다. 나는 이 중에서 요셉을 가장 사랑한다. /요셉은 정직하고 건강하며 총명함이 말할 수 없이 높아 존경하는 마음이 절로 생길 정도다.

(승) 그러나 형제들은 아버지가 요셉을 편애하고 그가 잘난 척한다고 생각하기에 시기하고 미워했다. /나의 마음은 아팠다. 왜냐하면 형제들 간의 시기심은 가정의 행복을 깨뜨리는 행위이기 때문이다.

(전) 어느 날 멀리서 양을 치고 있을 때에 요셉이 우리들에게 반갑게 다가오며 먹을 것을 내놓았다. /그러나 형들은 시큰둥한 반응을 보이면서 갑자기 동생 요셉에게 달려들었다. /그리고서는 그를 묶어 구덩이에 쳐 넣었다. 그를 죽일 셈인가? 나는 너무 슬펐다. 그래서 내가 제안했다. /그러지 말고 상인들에게 노예로 팔아넘기자고 했다. 요셉이 목숨만큼은 건졌지만 갑자기 노예 신세로 전락되어 멀리 이집트에 팔려갔다.

(결) 세상에 이런 슬픈 이야기가 어디 있겠는가? 요셉이 죽었다는 거짓 보고에 아버지는 물론 /식구들 모두의 충격은 이루 말할 수 없었다. 나는 아버지에게 사실대로 말할 수가 없었다. /나도 동조자이고 형제들의 보복이 무서웠다. 그 이후 동생 요셉의 소식은 듣지 못했다.

원고 입력을 위한 모양 개수가 4개에서 11개로 증가했다. 다음은 [모양 2]와 [모양 3]의 화면이다. 따라서 [코드] 통제소의 코딩 반복문도 4에서 11로 바꾼다. 각자 완성해보자.

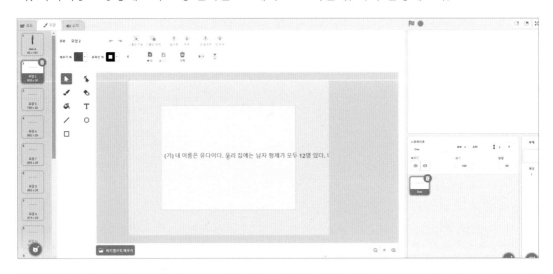

4.3 노래를 3절까지 부르기

① [형태] 창고의  블록에 3절까지 가사를 넣었다.

② [제어] 창고의 반복하기 블록 에서 3으로 수정하고 추가하였다

③ [이벤트] 창고의 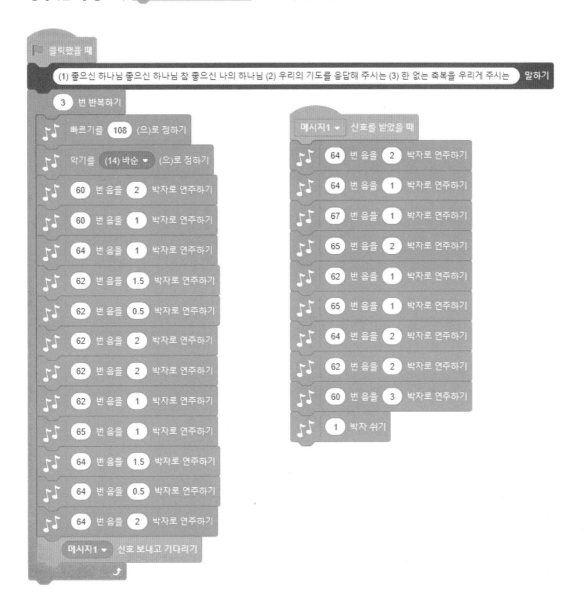 로 교체하였다.

제5절 교훈 나누기

"요셉의 청년 시절"에서 얻은 교훈은 무엇인지 서로 이야기해보자.

① 형제들 간의 미움과 시기심은 불행한 결과를 가져온다. 내 입장에서 무엇이 옳고 그른가를 생각한다. 그리고 상대방의 입장도 고려한다.

② 부모님의 편애는 형제 우애에 방해가 될 수 있다. 부모님은 공정한 태도를 보이셔야 한다.

③ 어려운 일이 생기면 어떻게 해야 하는지를 곰곰이 생각하고 기도한다.

④ 나의 성격 중에서 장점과 단점을 생각한다.

제6절 과제

① 요셉 이야기를 등장 인물의 관점에서 쓰고 비교해보아라. 예를 들어, 아버지(야곱), 요셉, 형제들 등.

② 이후의 요셉 이야기를 나누어서 각각 기승전결로 전개해보아라. 예를 들어, 요셉과 바로(창세기 39~41장), 요셉과 가족 만남(창세기 42~43장) 등.

제3장 모세의 리더십 준비

학습목표

성경	① 모세의 리더십 자질을 알아보기 ② 모세와 하나님의 만남을 이해하기
코딩	① 원고 내용에 적합한 무대 배경 설치하기 ② 좌표 이동 ③ 소리 넣기 ④ 글씨 색깔 바꾸기 ⑤ 2부 합창을 하나로 연결하기 ⑥ 3절까지 연주하기

너무 소심하고 까다롭게 자신의 행동을 고민하지 말라. 모든 인생은 실험이다. 더 많이 실험할수록 더 나아진다. — 랠프 왈도 에머슨

희망이 도망치더라도 용기를 놓쳐서는 안 된다. 희망은 때때로 우리를 속이지만, 용기는 힘의 입김이기 때문이다. — 부데루뻬그

제1절 성경 이야기

제2절 관점과 글쓰기

제3절 코딩하기

제4절 코딩 개선하기

제5절 교훈 나누기

제6절 과제

제1절 성경 이야기

배경

모세(BC 1500년대?)는 이스라엘 민족의 출애굽을 인도한 구약시대 최고의 인물이라고 할 수 있다. 그의 120년 인생은 40년 단위로 3등분된다. 첫 40년은 부족함이 없는 애굽 궁중 생활이었다. 그러나 동족을 학대하는 애굽 군인을 목격하고 의분을 못 이겨 살해한다. 그 후 미디안 지역으로 도망친다. 이곳에서 중반 40년을 보내는 중 호렙산에서 하나님을 만난다. 그의 주저함 속에서도 하나님은 격려하시고 그를 다시 애굽으로 보내어 바로왕으로부터 민족을 구출하게 하신다. 그의 나이 80세였다. 다시 험난한 40년 광야 생활을 지내고 마지막 목적지인 젖과 꿀이 흐르는 가나안 땅에 들어가지 못하고 그 앞에서 120년 생을 마감한다. 그는 십계명을 정식화했고 이스라엘 민족 공동체를 창시하고 인도한 지도자였다.

1.1 성경 읽기

[개역 개정판] 출애굽기 3장 1절 ~ 4장 17절

제3장 : 1 모세가 그의 장인 미디안 제사장 이드로의 양 떼를 치더니 그 떼를 광야 서쪽으로 인도하여 하나님의 산 호렙에 이르매 2 여호와의 사자가 떨기나무 가운데로부터 나오는 불꽃 안에서 그에게 나타나시니라 그가 보니 떨기나무에 불이 붙었으나 그 떨기나무가 사라지지 아니하는지라 3 이에 모세가 이르되 내가 돌이켜 가서 이 큰 광경을 보리라 떨기나무가 어찌하여 타지 아니하는고 하니 그때에 4 여호와께서 그가 보려고 돌이켜 오는 것을 보신지라 하나님이 떨기나무 가운데서 그를 불러 이르시되 모세야 모세야 하시매 그가 이르되 내가 여기 있나이다 5 하나님이 이르시되 이리로 가까이 오지 말라 네가 선 곳은 거룩한 땅이니 네 발에서 신을 벗으라 6 또 이르시되 나는 네 조상의 하나님이니 아브라함의 하나님, 이삭의 하나님, 야곱의 하나님이니라 모세가 하나님 뵈옵기를 두려워하여 얼굴을 가리매 7 여호와께서 이르시되 내가 애굽에 있는 내 백성의 고통을 분명히 보고 그들이 그들의 감독자로 말미암아 부르짖음을 듣고 그 근심을 알고 8 내가 내려가서 그들을 애굽인의 손에서 건져내고 그들을 그 땅에서 인도하여 아름답고 광대한 땅, 젖과 꿀이 흐르는 땅 곧 가나안 족속, 헷 족속, 아모리 족속, 브리스 족속, 히위 족속, 여부스 족속의 지방에 데

려가려 하노라 9 이제 가라 이스라엘 자손의 부르짖음이 내게 달하고 애굽 사람이 그들을 괴롭히는 학대도 내가 보았으니 10 이제 내가 너를 바로에게 보내어 너에게 내 백성 이스라엘 자손을 애굽에서 인도하여 내게 하리라 11 모세가 하나님께 아뢰되 내가 누구이기에 바로에게 가며 이스라엘 자손을 애굽에서 인도하여 내리이까 12 하나님이 이르시되 내가 반드시 너와 함께 있으리라 네가 그 백성을 애굽에서 인도하여 낸 후에 너희가 이 산에서 하나님을 섬기리니 이것이 내가 너를 보낸 증거니라 13 모세가 하나님께 아뢰되 내가 이스라엘 자손에게 가서 이르기를 너희의 조상의 하나님이 나를 너희에게 보내셨다 하면 그들이 내게 묻기를 그의 이름이 무엇이냐 하리니 내가 무엇이라고 그들에게 말하리이까 14 하나님이 모세에게 이르시되 나는 1)스스로 있는 자이니라 또 이르시되 너는 이스라엘 자손에게 이같이 이르기를 1)스스로 있는 자가 나를 너희에게 보내셨다 하라 15 하나님이 또 모세에게 이르시되 너는 이스라엘 자손에게 이같이 이르기를 너희 조상의 하나님 여호와 곧 아브라함의 하나님, 이삭의 하나님, 야곱의 하나님께서 나를 너희에게 보내셨다 하라 이는 나의 영원한 이름이요 대대로 기억할 나의 칭호니라 16 너는 가서 이스라엘의 장로들을 모으고 그들에게 이르기를 여호와 너희 조상의 하나님 곧 아브라함과 이삭과 야곱의 하나님이 내게 나타나 이르시되 내가 너희를 돌보아 너희가 애굽에서 당한 일을 확실히 보았노라 17 내가 말하였거니와 내가 너희를 애굽의 고난 중에서 인도하여 내어 젖과 꿀이 흐르는 땅 곧 가나안 족속, 헷 족속, 아모리 족속, 브리스 족속, 히위 족속, 여부스 족속의 땅으로 올라가게 하리라 하셨다 하면 18 그들이 네 말을 들으리니 너는 그들의 장로들과 함께 애굽 왕에게 이르기를 히브리 사람의 하나님 여호와께서 우리에게 임하셨은즉 우리가 우리 하나님 여호와께 제사를 드리려 하오니 사흘길쯤 광야로 가도록 허락하소서 하라 19 내가 아노니 강한 손으로 치기 전에는 애굽 왕이 너희가 가도록 허락하지 아니하다가 20 내가 내 손을 들어 애굽 중에 여러 가지 이적으로 그 나라를 친 후에야 그가 너희를 보내리라 21 내가 애굽 사람으로 이 백성에게 은혜를 입히게 할지라 너희가 나갈 때에 빈손으로 가지 아니하리니 22 여인들은 모두 그 이웃 사람과 및 자기 집에 거류하는 여인에게 은 패물과 금 패물과 의복을 구하여 너희의 자녀를 꾸미라 너희는 애굽 사람들의 물품을 취하리라

제4장 : 1 모세가 대답하여 이르되 그러나 그들이 나를 믿지 아니하며 내 말을 듣지 아니하고 이르기를 여호와께서 네게 나타나지 아니하셨다 하리이다 2 여호와께서 그에게 이르시되 네 손에 있는 것이 무엇이냐 그가 이르되 지팡이니이다 3 여호와께서 이르시되 그것을 땅에 던지라 하시매 곧 땅에 던지니 그것이 뱀이 된지라 모세가 뱀 앞에서 피하매 4 여호와께서 모세에게 이르시되 네 손을 내밀어 그 꼬리를 잡으라 그가 손을 내밀어 그것을 잡으니 그의 손에서 지팡이가 된지라 5 이는 그들에게 그들의 조상의 하나님 곧 아브라함의 하나님, 이삭의 하나님, 야곱의 하나님 여호와가 네게 나타난 줄을 믿게 하려 함이라 하시고 6 여호와께서 또 그에게 이르시되 네 손을 품에 넣

으라 하시매 그가 손을 품에 넣었다가 내어보니 그의 손에 나병이 생겨 눈 같이 된지라 7 이르시되 네 손을 다시 품에 넣으라 하시매 그가 다시 손을 품에 넣었다가 내어보니 그의 손이 본래의 살로 되돌아왔더라 8 여호와께서 이르시되 만일 그들이 너를 믿지 아니하며 그 처음 표적의 1)표징을 받지 아니하여도 나중 표적의 2)표징은 믿으리라 9 그들이 이 두 이적을 믿지 아니하며 네 말을 듣지 아니하거든 너는 나일 강 물을 조금 떠다가 땅에 부으라 네가 떠온 나일 강 물이 땅에서 피가 되리라 10 모세가 여호와께 아뢰되 오 주여 나는 본래 말을 잘 하지 못하는 자니이다 주께서 주의 종에게 명령하신 후에도 역시 그러하니 나는 입이 뻣뻣하고 혀가 둔한 자니이다 11 여호와께서 그에게 이르시되 누가 사람의 입을 지었느냐 누가 말 못 하는 자나 못 듣는 자나 눈 밝은 자나 맹인이 되게 하였느냐 나 여호와가 아니냐 12 이제 가라 내가 네 입과 함께 있어서 할 말을 가르치리라 13 모세가 이르되 오 주여 보낼 만한 자를 보내소서 14 여호와께서 모세를 향하여 노하여 이르시되 레위 사람 네 형 아론이 있지 아니하냐 그가 말 잘 하는 것을 내가 아노라 그가 너를 만나러 나오나니 그가 너를 볼 때에 그의 마음에 기쁨이 있을 것이라 15 너는 그에게 말하고 그의 입에 할 말을 주라 내가 네 입과 그의 입에 함께 있어서 너희들이 행할 일을 가르치리라 16 그가 너를 대신하여 백성에게 말할 것이니 그는 네 입을 대신할 것이요 너는 그에게 하나님 같이 되리라 17 너는 이 지팡이를 손에 잡고 이것으로 이적을 행할지니라

위 성경 이야기를 적절한 곳에서 끊어 읽어 표시해보자. 그리고 간단히 소제목도 붙여보자.

1.2 등장 인물

모세

1.3 주요 단어 찾기

떨기 나무, 신발, 이집트, 바로 왕, 백성, 고통, 양치기, 지팡이, 뱀, 손, 나병, 나일강, 입, 혀, 말 재주, 형 아론

제2절 관점과 글쓰기

2.1 관점 갖기

모세의 관점에서 그의 리더십 자질에 대해 생각한다.

2.2 제목 정하고 이야기 쓰기

제목 : 모세의 머뭇거림

(기) 내 이름은 모세이다. 나는 처갓집의 양치는 목자가 되었다. 어느 날 양떼를 데리고 광야를 지나 호렙산으로 갔다. 멀리 산을 보니 떨기나무 숲에 불이 있었다. 무슨 일인지 살펴보기 위해 가까이 갔다. 이때 하나님께서 나타나셨다. 나는 너무 두려워서 덜덜 떨었다.

(승) 그러나 하나님께서 자상하게 말씀하셨다. "무서워하지 말라. 나는 너희 조상의 하나님이다. 나는 스스로 있는 자다. 너는 지금 이집트에 가서 바로 왕으로부터 너희 백성을 구해내어야 한다. 그리고 젖과 꿀이 흐르는 땅으로 인도해야 한다."

(전) 나는 하나님께 말씀드렸다. "그렇지만 저는 아무 것도 배운 것이 없는 무식한 양치기에 불과합니다. 제가 어떻게 그런 임무를 감당할 수 있겠습니까? 저는 지금 하나님을 만나고 있지만, 장로들과 백성들에게 이 사건을 어떻게 설명할 수 있겠습니까? 저는 못합니다."

(결) 하나님께서 확신을 주셨다. "나를 믿어라. 지금 가지고 있는 지팡이가 뱀이 되었다가 다시 원상 모습이 되지 않았느냐. 그리고 나일강에 퍼온 물이 핏빛으로 물들 것이며 백성들이 너를 신뢰할 것이다." 나는 자신감이 없어 사양하며 말했다. "저는 말재주도 없습니다. 대중 연설은 낙제점 수입니다." 이번엔 하나님께서 크게 화를 내셨다. "걱정도 팔자다. 형 아론이 도와서 이 문제를 해결해줄 것이다. 나를 믿고 가거라, 어서."

제3절 코딩하기

3.1 애니메이션 만들기

1단계 원고 쓰기

제목 : 모세의 머뭇거림

(기) 내 이름은 모세이며, 직업은 양치기이다. 어느 날 양떼를 먹이러 호렙산으로 갔다.

(승) 산에 불빛이 보였다. 가까이 다가가니 하나님께서 부르셨다.

(전) 나는 무서워서 벌벌 떨고 있었는데, 백성들을 구하라는 임무를 주셨다.

(결) 자신감이 없어 우물쭈물하고 있을 때, 하나님께서 이적을 보이시면서 믿으라고 하셨다.

[모양] 네 개 만들기

① 초기 화면의 [모양] 통제소에 간다. 캔버스에서 [모양 1]의 야옹이를 마우스 포인터로 포획하고
제거한다. 여기서는 캔버스 우측 하단의 등호(=)를 누르지 않았지만, 누른 후 입력해도 좋다.

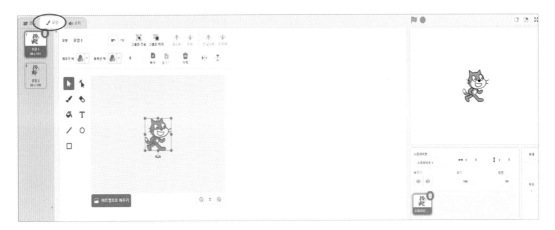

② [모양 2]를 삭제하고 [모양 1]을 3개 더 복제한다.

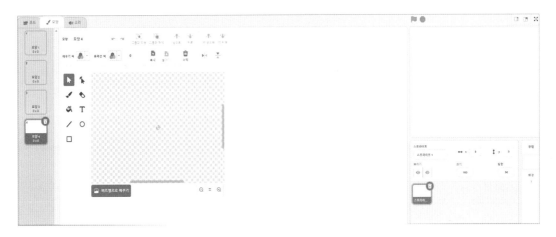

③ 원고의 (기)부분을 복사한 후 [모양 1]의 메뉴  에서 캔버스에 마우스 포인터를 터치하면 사각형이 만들어진다. 여기에 입력하고 한 번 더 클릭한 후 원고 사각형을 가운데에 위치시킨다. 나머지 원고도 동일하게 진행한다.

3단계 무대 배경 넣기

① 적절한 무대 배경을 넣기 위해 화면 우측 하단의 [배경 고르기]를 클릭한다.

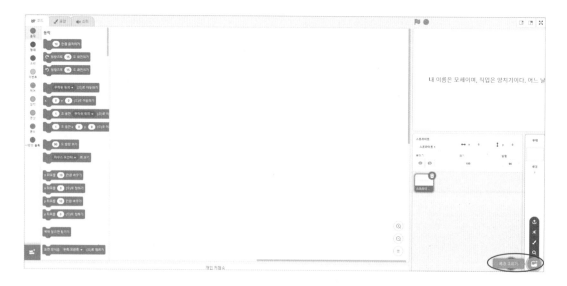

② 여러 배경이 나오면 중동지방의 특색인 desert(사막)를 선택한다.

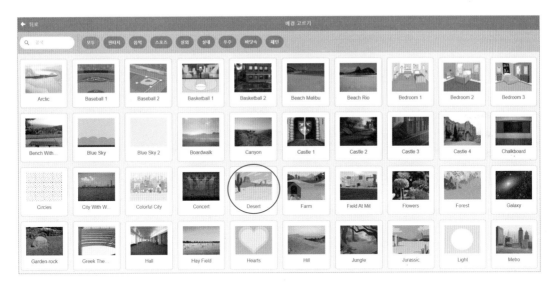

③ 배경이 깔리고 글이 보인다. 현재 글자 색깔은 약한 보라색이므로 검정으로 바꾼다.

④ [모양] 통제소에서 [채우기 색]을 선택한 후 명도를 0으로 하면 검정색으로 바뀐다. 지금 캔버스 메뉴는 **T** 또는 **↖**을 선택한 상태이어야 한다.

색에 대한 것은 제9장 예술적 사고에서 미술 부분을 참고하기 바란다.

4단계 코딩하기

🏠 **전체 결과 화면**

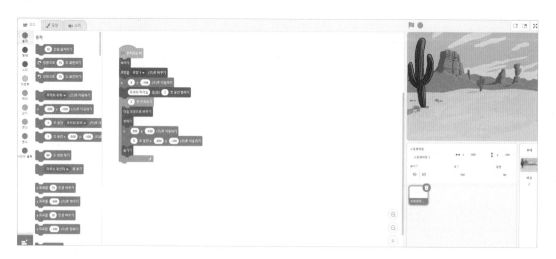

코딩에서 문장의 위치를 좌표(0, 0)에서 좌표(0, −100)으로 내렸다(자세한 내용은 제10장 수학적

사고의 좌표 참조). 그래야 문장이 더 선명하게 보이기 때문이다. 다음은 최종 코드이다.

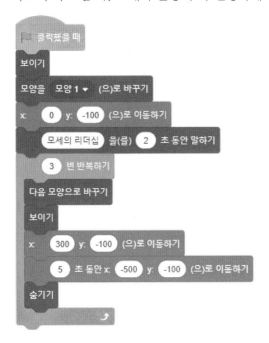

지금까지 코딩에는 음향이 없어서 좀 심심했을 것이다. 음향을 넣기 위해 다음을 진행해보자.

1단계 화면 좌상단의 [소리] 통제소를 클릭한다.

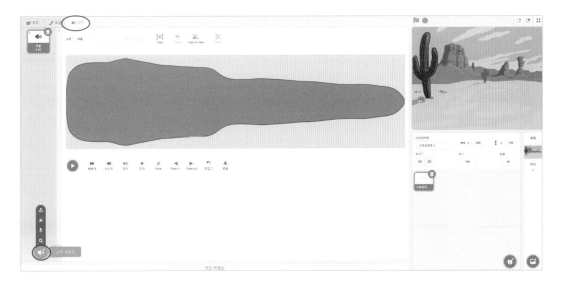

2단계 위 화면 좌하단의 [소리 저장소]를 누르면 여러 가지 종류의 소리가 등장한다. 여기서 Dance Snare Beat를 선택한다. 그러면 [코드] 통제소의 [소리] 창고에 저장된다.

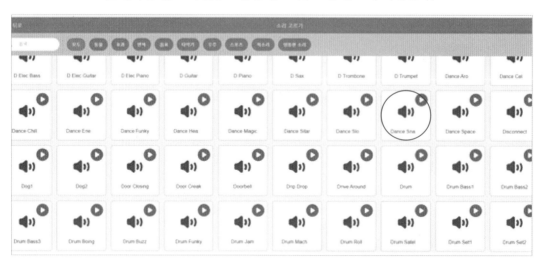

3단계 다시 [코드] 통제소로 돌아가서 [소리] 창고의 <kbd>Dance Snare Beat ▼ 재생하기</kbd> 블록을 선택한다.

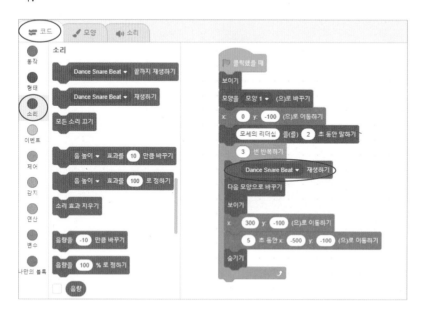

4단계 깃발 🏳 을 눌러서 실행한다.

3.2 찬송가 연주 코딩하기

여기서는 〈아침해 밝은 햇빛과〉의 소프라노(멜로디)와 알토를 코딩한다. 이 노래는 내림마장조이다. 코딩할 때에는 현재 위치 음을 그대로 숫자로 나타내면 된다. 플랫(♭)이 걸리는 곳은 반음을 내린다.

다음은 야옹이의 소프라노(멜로디)이다.

🏠 전체 결과 화면(소프라노)

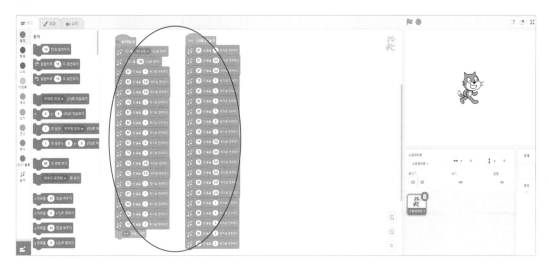

[소프라노(멜로디) 파트]

왼쪽 스크립트:

- 🏁 클릭했을 때
- 🎵 악기를 (14) 바순 ▼ (으)로 정하기
- 🎵 빠르기를 108 (으)로 정하기
- 🎵 67 번 음을 1 박자로 연주하기
- 🎵 67 번 음을 0.5 박자로 연주하기
- 🎵 67 번 음을 0.5 박자로 연주하기
- 🎵 70 번 음을 1 박자로 연주하기
- 🎵 67 번 음을 1 박자로 연주하기
- 🎵 63 번 음을 1 박자로 연주하기
- 🎵 65 번 음을 1 박자로 연주하기
- 🎵 67 번 음을 2 박자로 연주하기
- 🎵 75 번 음을 1 박자로 연주하기
- 🎵 74 번 음을 0.5 박자로 연주하기
- 🎵 72 번 음을 0.5 박자로 연주하기
- 🎵 70 번 음을 1 박자로 연주하기
- 🎵 67 번 음을 1 박자로 연주하기
- 🎵 65 번 음을 1 박자로 연주하기
- 🎵 72 번 음을 1 박자로 연주하기
- 🎵 70 번 음을 2 박자로 연주하기
- k ▼ 신호 보내기

오른쪽 스크립트:

- k ▼ 신호를 받았을 때
- 🎵 67 번 음을 1 박자로 연주하기
- 🎵 67 번 음을 0.5 박자로 연주하기
- 🎵 67 번 음을 0.5 박자로 연주하기
- 🎵 70 번 음을 1 박자로 연주하기
- 🎵 67 번 음을 1 박자로 연주하기
- 🎵 63 번 음을 1 박자로 연주하기
- 🎵 65 번 음을 1 박자로 연주하기
- 🎵 67 번 음을 2 박자로 연주하기
- 🎵 75 번 음을 1 박자로 연주하기
- 🎵 74 번 음을 0.5 박자로 연주하기
- 🎵 72 번 음을 0.5 박자로 연주하기
- 🎵 70 번 음을 0.5 박자로 연주하기
- 🎵 67 번 음을 0.5 박자로 연주하기
- 🎵 65 번 음을 0.5 박자로 연주하기
- 🎵 68 번 음을 0.5 박자로 연주하기
- 🎵 67 번 음을 1 박자로 연주하기
- 🎵 65 번 음을 1 박자로 연주하기
- 🎵 63 번 음을 2 박자로 연주하기
- 🎵 68 번 음을 2 박자로 연주하기
- 🎵 67 번 음을 2 박자로 연주하기

코딩이 길어지는 경우 한 화면에 담기 어렵다. 이때 [스크립트 창] 우하단에 있는 단추를 이용하여 전체를 축소 연결할 수도 있지만, 여기서는 [이벤트] 창고의  와  를 이용하여 연결한다. 이를 위해 다음과 같이 [새로운 메시지]를 선택한 후 [창]이 나와서 k와 b 메시지 2개를 추가한다.

k 메시지를 만든 후 알토를 위해 b도 동일한 방식으로 진행한다.

다음으로 알토를 만들기 위해 가수를 무대에 초청한다. 화면 좌하단의 [스프라이트 고르기]에서 [Abby]를 모셔온다. 그리고 여기서 알토 코딩을 한다.

🏠 전체 결과 화면(알토)

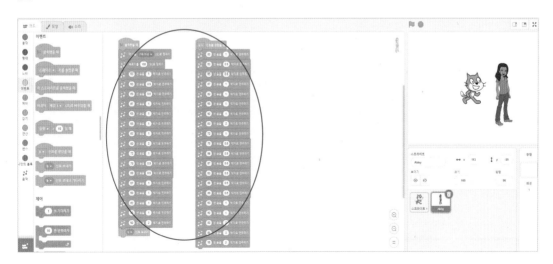

[알토 파트]

소프라노와 알토를 동시에 연주하려면 화면 우상단의 깃발 을 누른다.

제4절 코딩 개선하기

4.1 외부에서 무대 배경 불러오기

현재의 배경은 사막인데 이것을 외부 이미지 "호렙산"으로 대체하여 보자.

1단계 이미지 사이트에서 적절한 이미지를 복사 또는 캡처하여 hwp 또는 pptx에 옮긴다. 저작권법 때문에 임의로 사용해서는 안 된다. 다행히 pinterest, pixabay, unsplash, freeqration 등과 같은 무료 이미지 사이트가 있다. 여기서는 unsplash에서 "산"을 입력한 후 찾은 이미지를 다운로드 받아서 내 PC의 D:/BPy에 산.png로 저장하였다.

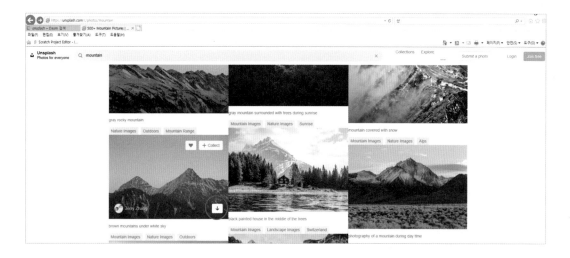

2단계 화면 우하단의 [무대]의 [배경] 저장소 ⇨ [배경 업로드하기]에서 사진을 올린다.

3단계 [배경] 저장소에서 (선택 도구)로 이 사진을 캔버스에 꽉 채운다. 캔버스는 [비트맵] 모드에서 [벡터]로 전환한다. 이때 주의 사항은 [벡터로 바꾸기]에서 [비트맵으로 바꾸기]로 나타나게 한다. 다시 말해서 현재 화면은 [벡터]모드이다.[1]

1 [비트맵]은 점을 이용하여 화소 단위로 나타내며, 자연스러운 이미지 표현이 가능하다. 이미지를 축소 또는 확대하면 깨져 보인다. 한편 [벡터]는 수학 방정식을 기반으로 하는 점, 직선, 곡선, 다각형과 같은 것을 사용하며 축소 확대에도 깨져 보이지 않는다. 로고마크를 만들 때 흔히 사용한다(출처 : 네이버, 두산백과).

4단계 위 화면 좌상단의 현재 통제소는 [배경]으로 되어 있다. 이것을 [모양]으로 전환한다. 현재 상태에서는 코딩 프로그램을 불러올 수 없기 때문이다. 어떻게 하면 전환할 수 있을까? [스프라이트 창]의 야옹이 [스프라이트]를 클릭하면 바뀐다.

그리고 [코드]로 가서 프로그램을 돌려보고 개선할 것이 있나 확인한다. 예컨대 y 좌표 위치를 −100에서 100으로 변경하면 개선될 것 같다. 모두 세 곳을 변경해야 한다.

4.2 음악 코딩 개선하기

찬송가를 3절까지 반복하려면 [제어] 창고의 [반복문] 블록을 넣고 신호 관련 블록을 다음과 같이
추가한다. 먼저 멜로디 파트를 해보고 각자 알토 파트를 추가해보기 바란다.

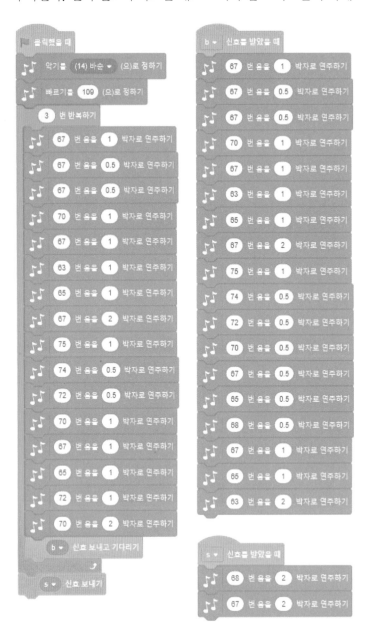

그리고 야옹이에게 가사를 말하게 하려면 [형태] 창고의 [말하기] 블록을 넣는다. 앞의 제2장 요셉 사례를 참조하여 각자 시도하기 바란다.

제5절 교훈 나누기

리더십은 조직원들이 목표를 달성하도록 영향력을 미칠 수 있는 능력이다. 하나님께서 모세에게 이집트에 가서 이스라엘 사람들에게 용기를 주고 백성들을 구출하라고 말씀하신다. 그러나 정작 모세는 자신감이 없다. 어떻게 하면 리더십 역량을 가질 수 있을 것인가에 대해 서로 이야기해보자.

① 사명감을 가지고 목적을 명확히 한다.
② 하나님께 기도한다.
③ 나의 역할과 책임이 무엇인지 이해한다.
④ 내가 본받을 만한 멘토가 누구인가를 생각해본다.

제6절 과제

모세 이야기는 극적인 부분이 많다. 다음의 문제들을 코딩으로 풀어보자.

① 열 가지 재앙(출애굽기 7~11장)
② 십계명(출애굽기 19~20장)
③ 열두 명의 정탐꾼(민수기 13장)
④ 여호수아(여호수아 2장)
⑤ 여리고 전투(여호수아 6장)

제4장 기드온의 아들 아비멜렉

학습목표

성경	① 아비멜렉의 가족 관계 알기 ② 아비멜렉의 리더십 분석하기
코딩	① 스프라이트 바꾸기 ② 무대 배경 변화하기 ③ 텍스트와 음성 결합하기 ④ 4부 합주하기 ⑤ 인덱스 i 넣기

지혜로운 사람은 행동을 조심하고 악을 피하지만 어리석은 사람은 고집불통에 무모하기까지 하다. — 잠언 (메세지 성경)

항상 친절하면 많은 것을 이룰 수 있다. 햇빛이 얼음을 녹이듯이 친절은 오해, 불신, 적대감을 녹여버린다. — 슈바이처

제1절 성경 이야기
제2절 관점과 글쓰기
제3절 코딩하기
제4절 코딩 개선하기
제5절 교훈 나누기
제6절 과제

제1절 성경 이야기

배경

사사(판관)시대는 BC 1375년부터 340년간 지속되었다. 당시에 왕이 없어 드보라, 기드온, 삼손 등이 판관의 역할을 수행하였다. 이 가운데 기드온은 사사시대의 가장 용맹한 장수이었다. 불과 300명의 군사로 대부대를 무찔렀다. 그러나 아버지는 아들 아비멜렉에게 지혜가 담긴 인생 지침을 남기지 못한 채 세상을 떠났다.

1.1 성경 읽기

[개역 개정판] 사사기 8장 29절 ~ 9장 21절

제8장 : 29 요아스의 아들 여룹바알이 돌아가서 자기 집에 거주하였는데 30 기드온이 아내가 많으므로 그의 몸에서 낳은 아들이 칠십 명이었고 31 세겜에 있는 그의 첩도 아들을 낳았으므로 그 이름을 아비멜렉이라 하였더라 32 요아스의 아들 기드온이 나이가 많아 죽으매 아비에셀 사람의 오브라에 있는 그의 아버지 요아스의 묘실에 장사되었더라 33 기드온이 이미 죽으매 이스라엘 자손이 돌아서서 바알들을 따라가 음행하였으며 또 바알브릿을 자기들의 신으로 삼고 34 이스라엘 자손이 주위의 모든 원수들의 손에서 자기들을 건져내신 여호와 자기들의 하나님을 기억하지 아니하며 35 또 여룹바알이라 하는 기드온이 이스라엘에 베푼 모든 은혜를 따라 그의 집을 후대하지도 아니하였더라

제9장 : 1 여룹바알의 아들 아비멜렉이 세겜에 가서 그의 어머니의 형제에게 이르러 그들과 그의 외조부의 집의 온 가족에게 말하여 이르되 2 청하노니 너희는 세겜의 모든 사람들의 귀에 말하라 여룹바알의 아들 칠십 명이 다 너희를 다스림과 한 사람이 너희를 다스림이 어느 것이 너희에게 나으냐 또 나는 너희와 골육임을 기억하라 하니 3 그의 어머니의 형제들이 그를 위하여 이 모든 말을 세겜의 모든 사람들의 귀에 말하매 그들의 마음이 아비멜렉에게로 기울어서 이르기를 그는 우리 형제라 하고 4 바알브릿 신전에서 은 칠십 개를 내어 그에게 주매 아비멜렉이 그것으로 방

탕하고 경박한 사람들을 사서 자기를 따르게 하고 5 오브라에 있는 그의 아버지의 집으로 가서 여룹바알의 아들 곧 자기 형제 칠십 명을 한 바위 위에서 죽였으되 다만 여룹바알의 막내 아들 요담은 스스로 숨었으므로 남으니라 6 세겜의 모든 사람과 밀로 모든 족속이 모여서 세겜에 있는 상수리나무 기둥 곁에서 아비멜렉을 왕으로 삼으니라 7 사람들이 요담에게 그 일을 알리매 요담이 그리심 산 꼭대기로 가서 서서 그의 목소리를 높여 그들에게 외쳐 이르되 세겜 사람들아 내 말을 들으라 그리하여야 하나님이 너희의 말을 들으시리라 8 하루는 나무들이 나가서 기름을 부어 자신들 위에 왕으로 삼으려 하여 감람나무에게 이르되 너는 우리 위에 왕이 되라 하매 9 감람나무가 그들에게 이르되 내게 있는 나의 기름은 하나님과 사람을 영화롭게 하나니 내가 어찌 그것을 버리고 가서 나무들 위에 우쭐대리요 한지라 10 나무들이 또 무화과나무에게 이르되 너는 와서 우리 위에 왕이 되라 하매 11 무화과나무가 그들에게 이르되 나의 단 것과 나의 아름다운 열매를 내가 어찌 버리고 가서 나무들 위에 우쭐대리요 한지라 12 나무들이 또 포도나무에게 이르되 너는 와서 우리 위에 왕이 되라 하매 13 포도나무가 그들에게 이르되 하나님과 사람을 기쁘게 하는 내 포도주를 내가 어찌 버리고 가서 나무들 위에 우쭐대리요 한지라 14 이에 모든 나무가 가시나무에게 이르되 너는 와서 우리 위에 왕이 되라 하매 15 가시나무가 나무들에게 이르되 만일 너희가 참으로 내게 기름을 부어 너희 위에 왕으로 삼겠거든 와서 내 그늘에 피하라 그리하지 아니하면 불이 가시나무에서 나와서 레바논의 백향목을 사를 것이니라 하였느니라 16 이제 너희가 아비멜렉을 세워 왕으로 삼았으니 너희가 행한 것이 과연 진실하고 의로우냐 이것이 여룹바알과 그의 집을 선대함이냐 이것이 그의 손이 행한 대로 그에게 보답함이냐 17 우리 아버지가 전에 죽음을 무릅쓰고 너희를 위하여 싸워 미디안의 손에서 너희를 건져냈거늘 18 너희가 오늘 일어나 우리 아버지의 집을 쳐서 그의 아들 칠십 명을 한 바위 위에서 죽이고 그의 여종의 아들 아비멜렉이 너희 형제가 된다고 그를 세워 세겜 사람들 위에 왕으로 삼았도다 19 만일 너희가 오늘 여룹바알과 그의 집을 대접한 것이 진실하고 의로운 일이면 너희가 아비멜렉으로 말미암아 기뻐할 것이요 아비멜렉도 너희로 말미암아 기뻐하려니와 20 그렇지 아니하면 아비멜렉에게서 불이 나와서 세겜 사람들과 밀로의 집을 사를 것이요 세겜 사람들과 밀로의 집에서도 불이 나와 아비멜렉을 사를 것이니라 하고 21 요담이 그의 형제 아비멜렉 앞에서 도망하여 피해서 브엘로 가서 거기에 거주하니라

* 여룹바알 = 바알과 싸우는 사람

위 성경 이야기를 적절한 곳에서 끊어 읽어 표시해보자. 그리고 간단히 소제목도 붙여보자.

1.2 등장 인물 찾기

기드온, 아비멜렉, 요담, 백성들

1.3 주요 단어 찾기

여룹바알, 바알신, 브릿바알신, 형제, 칠십 명, 방탕, 경박, 세겜, 세겜 사람, 감람나무, 무화과나무, 포도나무, 가시나무, 도망

제2절 관점과 글쓰기

2.1 관점 갖기

아비멜렉의 관점에서 그의 리더십 자질에 대해 생각한다.

2.2 제목 정하고 이야기 쓰기

제목 : 아비멜렉의 왕권 탈취

(기) 내 이름은 아비멜렉이다. 나는 기드온의 아들로서 세겜 지역의 지도자가 되고 싶다. 아버지 여룹바알은 69명의 자식을 두셨다. 그들은 내 인생 계획에 도움이 되지 않으며 오히려 나의 앞길을 막고 있다. 나는 그들을 제거하고 왕이 될 것이다.

(승) 먼저 어리석은 백성들을 조종해서 나를 지지하도록 해야겠다. 백성들에게 한 나라에 지도자가 너무 많으면 발전에 방해되므로 형제들을 처단해도 좋다는 허락을 받았다. 백성의 의견 수렴은 국정에 중요한 절차 중의 하나이다. 설령 내가 잘못하더라도 나중에 불평이 없을 것이기 때문이다. 나는 형제 70명 중 68명을 처형했다.

(전) 동생 요담은 용케 도망갔다. 그를 발견하고 체포하는 일은 어려웠다. 어느 날 산에 나타나서 나를 못된 가시나무라고 지칭하며 정통성이 없다고 백성들에게 훈계하였다. 나는 그를 미워하며 제거하고 싶었다.

(결) 요담은 내가 회개하고 진실한 왕이 되어야 한다고 촉구했지만, 나는 그의 말에 오히려 화가 났다. 나는 이제 왕이며 내가 하는 일은 이 나라 백성을 위한 것이며 모두 옳다고 믿기 때문이다.

제3절 코딩하기

3.1 애니메이션 만들기

1단계 원고 쓰기

제목 : 아비멜렉의 왕권 탈취

(기) 내 이름은 아비멜렉이며, 아버지 기드온은 용맹스런 장군이셨다. 나는 아버지의 후광을 이용하여 왕이 되기를 원했다.

(승) 칠십 명 형제들은 너무 많아서 나라 통치에 방해가 되므로 백성들의 동의를 얻어 68명을 처형했다.

(전) 동생 요담은 용케 도망갔다. 어느 날 백성들 앞에서 나를 비판하며 진실한 왕이 되기를 촉구했다

(결) 나는 왕으로서 그를 용납할 수 없다. 백성을 위해 하는 일은 모두 올바르다고 믿기 때문이다.

2단계 새 스프라이트 선택 : 화면 우하단의 **[스프라이트]** 저장소에 가서 **[Dan]**를 선택한다. 그리고 **[야옹이]** 스프라이트에 마우스 우클릭한 후 삭제한다. 계속해서 **[Dan]** 스프라이트 ⇨ **[모양]** 통제소에서 **[dan_b]**를 제거한다.

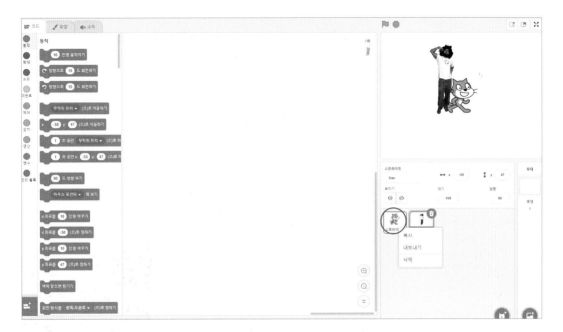

3단계 4개의 무대 배경 넣기 : 화면 우측 하단의 [배경] 저장소에서 [배경 고르기]를 클릭한다. 여러 배경 중에서 차례로 [Farm], [Desert], [Hill], [Castle 2]를 선택한다.

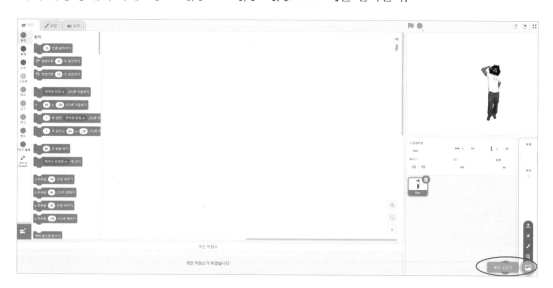

그리고 화면 우측의 무대 [배경]을 누르면 좌상단의 [모양] 통제소가 [배경] 통제소로 바뀌고, 이 것을 눌러 아래와 같이 배경의 순서를 확인한다.

4단계 원고 코딩하기(음성 넣기) : 코딩 작업을 위해 위 화면 우하단의 **[스프라이트 창]**의 [Dan]을 클릭한다. 그러면 좌상단 통제소의 **[배경]** ⇨ **[모양]**으로 바뀐다.

글자를 음성으로 변환시키기 위해 화면 좌상단 통제소의 **[모양]** 대신에 **[코드]**를 선택한다(다음쪽의 전체 결과 화면 참조). 다음으로 화면 좌하단의 **[확장 기능 추가하기]**를 누르고 **[텍스트 음성 변환]**(TTS ; Text to Speech)을 선택한다.

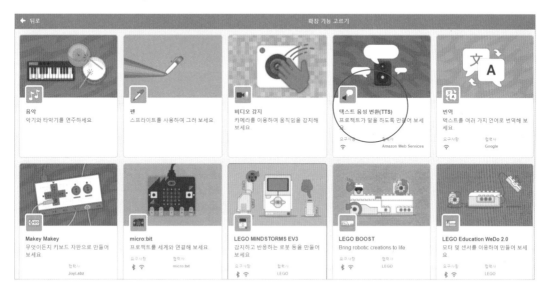

Text to Speech

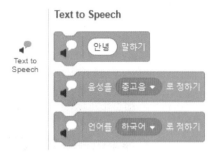

🏠 전체 결과 화면

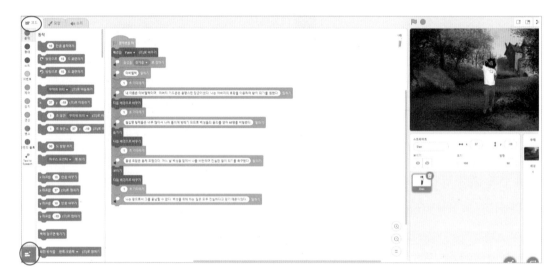

위의 첫 노랑 블록은 [이벤트] 창고에서, [1초 기다리기] 블록은 [제어] 창고에서, 보라색 블록은 [형태] 창고에서, 초록 블록은 새로 만든 [Text to Speech; 텍스트 음성 변환] 창고에서 각각 가져 온다.

3.2 찬송가 연주 코딩하기

여기서는 회개의 노래 〈나 같은 죄인 살리신〉의 연주를 코딩한다.

다음 코딩에서 4중주를 1절만 연주한다.

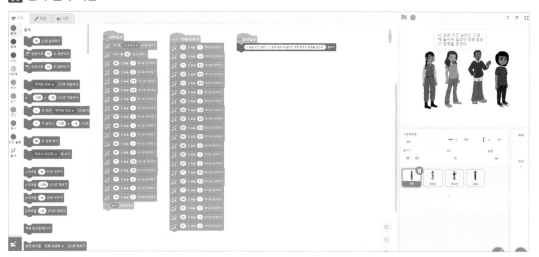

[Elf] 소프라노

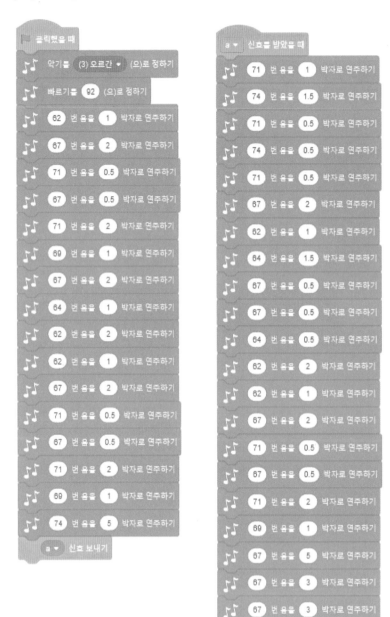

[Abby] 알토

클릭했을 때
- 악기를 (3) 오르간 ▾ (으)로 정하기
- 빠르기를 92 (으)로 정하기
- 59 번 음을 1 박자로 연주하기
- 59 번 음을 2 박자로 연주하기
- 62 번 음을 1 박자로 연주하기
- 62 번 음을 2 박자로 연주하기
- 60 번 음을 1 박자로 연주하기
- 59 번 음을 2 박자로 연주하기
- 60 번 음을 1 박자로 연주하기
- 59 번 음을 2 박자로 연주하기
- 59 번 음을 1 박자로 연주하기
- 59 번 음을 2 박자로 연주하기
- 62 번 음을 1 박자로 연주하기
- 62 번 음을 2 박자로 연주하기
- 62 번 음을 1 박자로 연주하기
- 62 번 음을 5 박자로 연주하기
- b ▾ 신호 보내기

b ▾ 신호를 받았을 때
- 62 번 음을 1 박자로 연주하기
- 62 번 음을 2 박자로 연주하기
- 62 번 음을 0.5 박자로 연주하기
- 62 번 음을 0.5 박자로 연주하기
- 62 번 음을 2 박자로 연주하기
- 62 번 음을 1 박자로 연주하기
- 60 번 음을 1.5 박자로 연주하기
- 62 번 음을 0.5 박자로 연주하기
- 60 번 음을 1 박자로 연주하기
- 59 번 음을 2 박자로 연주하기
- 62 번 음을 1 박자로 연주하기
- 59 번 음을 2 박자로 연주하기
- 62 번 음을 1 박자로 연주하기
- 62 번 음을 2 박자로 연주하기
- 60 번 음을 1 박자로 연주하기
- 59 번 음을 5 박자로 연주하기
- 60 번 음을 3 박자로 연주하기
- 59 번 음을 3 박자로 연주하기

[Devin] 테너

왼쪽 스크립트:

- ▶ 클릭했을 때
- 악기를 (3) 오르간 ▼ (으)로 정하기
- 빠르기를 92 (으)로 정하기
- 55 번 음을 1 박자로 연주하기
- 50 번 음을 2 박자로 연주하기
- 55 번 음을 1 박자로 연주하기
- 55 번 음을 2 박자로 연주하기
- 54 번 음을 1 박자로 연주하기
- 55 번 음을 2 박자로 연주하기
- 55 번 음을 1 박자로 연주하기
- 55 번 음을 2 박자로 연주하기
- 55 번 음을 1 박자로 연주하기
- 50 번 음을 2 박자로 연주하기
- 55 번 음을 1 박자로 연주하기
- 55 번 음을 2 박자로 연주하기
- 54 번 음을 1 박자로 연주하기
- 55 번 음을 5 박자로 연주하기
- c ▼ 신호 보내기

오른쪽 스크립트:

- c ▼ 신호를 받았을 때
- 55 번 음을 1 박자로 연주하기
- 59 번 음을 1.5 박자로 연주하기
- 55 번 음을 0.5 박자로 연주하기
- 59 번 음을 0.5 박자로 연주하기
- 55 번 음을 0.5 박자로 연주하기
- 55 번 음을 2 박자로 연주하기
- 55 번 음을 1 박자로 연주하기
- 55 번 음을 2 박자로 연주하기
- 52 번 음을 0.5 박자로 연주하기
- 55 번 음을 0.5 박자로 연주하기
- 55 번 음을 2 박자로 연주하기
- 55 번 음을 1 박자로 연주하기
- 55 번 음을 2 박자로 연주하기
- 55 번 음을 0.5 박자로 연주하기
- 59 번 음을 0.5 박자로 연주하기
- 55 번 음을 2 박자로 연주하기
- 54 번 음을 1 박자로 연주하기
- 55 번 음을 5 박자로 연주하기
- 52 번 음을 3 박자로 연주하기
- 50 번 음을 3 박자로 연주하기

[Deni] 베이스

클릭했을 때
- 악기를 (3) 오르간 ▾ (으)로 정하기
- 빠르기를 92 (으)로 정하기
- 43 번 음을 1 박자로 연주하기
- 43 번 음을 2 박자로 연주하기
- 43 번 음을 0.5 박자로 연주하기
- 47 번 음을 0.5 박자로 연주하기
- 50 번 음을 2 박자로 연주하기
- 50 번 음을 1 박자로 연주하기
- 50 번 음을 2 박자로 연주하기
- 43 번 음을 1 박자로 연주하기
- 43 번 음을 2 박자로 연주하기
- 43 번 음을 1 박자로 연주하기
- 43 번 음을 2 박자로 연주하기
- 43 번 음을 0.5 박자로 연주하기
- 47 번 음을 0.5 박자로 연주하기
- 50 번 음을 2 박자로 연주하기
- 48 번 음을 1 박자로 연주하기
- 47 번 음을 5 박자로 연주하기
- d ▾ 신호 보내기

d ▾ 신호를 받았을 때
- 43 번 음을 1 박자로 연주하기
- 55 번 음을 2 박자로 연주하기
- 55 번 음을 1 박자로 연주하기
- 47 번 음을 2 박자로 연주하기
- 47 번 음을 1 박자로 연주하기
- 48 번 음을 1.5 박자로 연주하기
- 47 번 음을 0.5 박자로 연주하기
- 48 번 음을 1 박자로 연주하기
- 43 번 음을 2 박자로 연주하기
- 47 번 음을 1 박자로 연주하기
- 52 번 음을 2 박자로 연주하기
- 50 번 음을 1 박자로 연주하기
- 50 번 음을 2 박자로 연주하기
- 50 번 음을 1 박자로 연주하기
- 43 번 음을 5 박자로 연주하기
- 48 번 음을 3 박자로 연주하기
- 43 번 음을 3 박자로 연주하기

참고 영어 가사 : 앞의 4부 연주를 2절까지 영어 가사가 나오도록 반복문을 넣어서 시도해보기 바란다.

제4절 코딩 개선하기

4.1 외부에서 무대 배경 불러오기

전체적으로 무대배경이 원고와 어색한 부분이 있다. 이를 개선하기 위해 외부 사이트의 이미지를 검색하여 적절한 배경을 찾아서 넣는다. 앞 3장을 참고하기 바란다.

4.2 음악 코딩 개선하기

여기서는 4부 합주와 함께 4절 가사가 차례로 무대에 나오게 한다. 이 작업은 단순히 반복문을 넣어서 성공할 수 없다. 코딩을 만들기 전에 미리 인덱스 i 변수를 만들어야 한다. 이를 위해 **[변수]** 창고에서 **[변수 만들기]**를 누르면 **[새로운 변수]** 창이 뜨고 i를 입력한 후에 **[확인]**을 누른다.

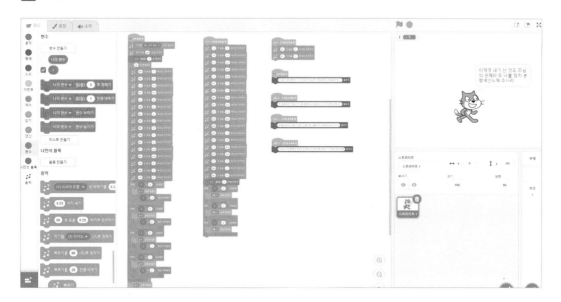

🏠 전체 결과 화면

(1) 전반부: 반복문의 인덱스 i 부분을 따로 떼어내서 보여준다.

(2) 후반부: 인덱스 i 부분을 따로 떼어내서 보여준다.

(3) 아멘 부분과 4절 가사 부분

아마도 4부 합창을 4절까지 연주하려면 꼼꼼하게 코딩 작업을 해야 할 것 같다. 각자 시도해보기 바란다.

제5절 교훈 나누기

① 참된 지도자는 백성들을 진정으로 대한다.

② 아버지는 사후에 형제들끼리 다투지 않도록 올바른 가정교육이 필요하다.

③ 자녀들은 아버지의 명성에 누가 되지 않도록 조심한다.

④ 형제들은 우애와 존중으로 서로 사랑해야 한다.

⑤ 사리사욕으로 나라를 통치하면 나라, 가정, 개인 모두 망한다. 욕심이 죄를 잉태하고 죄가 사망을 낳기 때문이다.

제6절 과제

① 기드온의 명성(사사기 6장~7장)

② 아비멜렉의 최후(사사기 9장 22절~57절)

제5장 나오미와 룻

학습목표

성경	① 다른 지역 출신 사람에 대해 이해하기 ② 가정에서 사랑을 실천하기
코딩	① 텍스트와 음성 결합하기 ② 4부 합창 만들기 ③ 내용에 따라 무대 배경 바꾸기

진실한 기도가 하나님이다. — 무명

믿음은 생각이 된다. 생각은 말이 된다. 말은 행동이 된다. 행동은 습관이 된다. 습관은 가치가 된다. 가치는 운명이 된다. — 간디

일하는 시간과 노는 시간을 뚜렷이 구분하라. 시간의 중요성을 이해하고 매 순간을 즐겁게 보내고 유용하게 활용하라. 그러면 젊은 날은 유쾌함으로 가득 찰 것이고 늙어서도 후회할 일이 적어질 것이며 비록 가난할 때라도 인생을 아름답게 살아갈 수 있다. — 루이자 메이 올콧

제1절 성경 이야기

배경

집안에 남자들이 모두 죽고 큰며느리 오르바는 친정으로 되돌아갔다. 이제 남은 사람은 시어머니 나오미와 작은 며느리 룻이다. 나오미는 이 세상에서 의지할 곳이 없는 사람이다. 당시 이스라엘에는 시형제 결혼법이 있어 과부는 죽은 남편의 형제 중에서 결혼이 가능했다. 과부가 된 약자를 보호하며 자식 없이 죽은 집안도 대를 잇게 해주는 평등사회 유지법이다. 나오미는 다시 결혼하여 아들을 낳아줄 수도 없으니 각자 헤어지자고 말한다. 이에 대해 두 며느리의 태도와 행동은 각각 달랐다. 본문을 살펴보자.

1.1 성경 읽기

[개역 개정판] 룻기 1~2장

제1장 : 1 사사들이 치리하던 때에 그 땅에 흉년이 드니라 유다 베들레헴에 한 사람이 그의 아내와 두 아들을 데리고 모압 지방에 가서 거류하였는데 2 그 사람의 이름은 엘리멜렉이요 그의 아내의 이름은 나오미요 그의 두 아들의 이름은 말론과 기룐이니 유다 베들레헴 에브랏 사람들이더라 그들이 모압 지방에 들어가서 거기 살더니 3 나오미의 남편 엘리멜렉이 죽고 나오미와 그의 두 아들이 남았으며 4 그들은 모압 여자 중에서 그들의 아내를 맞이하였는데 하나의 이름은 오르바요 하나의 이름은 룻이더라 그들이 거기에 거주한 지 십 년쯤에 5 말론과 기룐 두 사람이 다 죽고 그 여인은 두 아들과 남편의 뒤에 남았더라 6 그 여인이 모압 지방에서 여호와께서 자기 백성을 돌보시사 그들에게 양식을 주셨다 함을 듣고 이에 두 며느리와 함께 일어나 모압 지방에서 돌아오려 하여 7 있던 곳에서 나오고 두 며느리도 그와 함께 하여 유다 땅으로 돌아오려고 길을 가다가 8 나오미가 두 며느리에게 이르되 너희는 각기 너희 어머니의 집으로 돌아가라 너희가 죽은 자들과 나를 선대한 것 같이 여호와께서 너희를 선대하시기를 원하며 9 여호와께서 너희에게 허락하사 각기 남편의 집에서 위로를 받게 하시기를 원하노라 하고 그들에게 입 맞추매 그들이 소리를 높여 울며 10 나오미에게 이르되 아니니이다 우리는 어머니와 함께 어머니의 백성에게로 돌아가겠나이다 하

는지라 11 나오미가 이르되 내 딸들아 돌아가라 너희가 어찌 나와 함께 가려느냐 내 태중에 너희의 남편 될 아들들이 아직 있느냐 12 내 딸들아 되돌아 가라 나는 늙었으니 남편을 두지 못할지라 가령 내가 소망이 있다고 말한다든지 오늘 밤에 남편을 두어 아들들을 낳는다 하더라도 13 너희가 어찌 그들이 자라기를 기다리겠으며 어찌 남편 없이 지내겠다고 결심하겠느냐 내 딸들아 그렇지 아니하니라 여호와의 손이 나를 치셨으므로 나는 너희로 말미암아 더욱 마음이 아프도다 하매 14 그들이 소리를 높여 다시 울더니 오르바는 그의 시어머니에게 입 맞추되 룻은 그를 붙좇았더라 15 나오미가 또 이르되 보라 네 동서는 그의 백성과 그의 신들에게로 돌아가나니 너도 너의 동서를 따라 돌아가라 하니 16 룻이 이르되 내게 어머니를 떠나며 어머니를 따르지 말고 돌아가라 강권하지 마옵소서 어머니께서 가시는 곳에 나도 가고 어머니께서 머무시는 곳에서 나도 머물겠나이다 어머니의 백성이 나의 백성이 되고 어머니의 하나님이 나의 하나님이 되시리니 17 어머니께서 죽으시는 곳에서 나도 죽어 거기 묻힐 것이라 만일 내가 죽는 일 외에 어머니를 떠나면 여호와께서 내게 벌을 내리시고 더 내리시기를 원하나이다 하는지라 18 나오미가 룻이 자기와 함께 가기로 굳게 결심함을 보고 그에게 말하기를 그치니라 19 이에 그 두 사람이 베들레헴까지 갔더라 베들레헴에 이를 때에 온 성읍이 그들로 말미암아 떠들며 이르기를 이이가 1)나오미냐 하는지라 20 나오미가 그들에게 이르되 나를 나오미라 부르지 말고 나를 2)마라라 부르라 이는 전능자가 나를 심히 괴롭게 하셨음이니라 21 내가 풍족하게 나갔더니 여호와께서 내게 비어 돌아오게 하셨느니라 여호와께서 나를 징벌하셨고 전능자가 나를 괴롭게 하셨거늘 너희가 어찌 나를 나오미라 부르느냐 하니라 22 나오미가 모압 지방에서 그의 며느리 모압 여인 룻과 함께 돌아왔는데 그들이 보리 추수 시작할 때에 베들레헴에 이르렀더라

제2장 : 1 나오미의 남편 엘리멜렉의 친족으로 1)유력한 자가 있으니 그의 이름은 보아스더라 2 모압 여인 룻이 나오미에게 이르되 원하건대 내가 밭으로 가서 내가 누구에게 은혜를 입으면 그를 따라서 이삭을 줍겠나이다 하니 나오미가 그에게 이르되 내 딸아 갈지어다 하매 3 룻이 가서 베는 자를 따라 밭에서 이삭을 줍는데 우연히 엘리멜렉의 친족 보아스에게 속한 밭에 이르렀더라 4 마침 보아스가 베들레헴에서부터 와서 베는 자들에게 이르되 여호와께서 너희와 함께 하시기를 원하노라 하니 그들이 대답하되 여호와께서 당신에게 복 주시기를 원하나이다 하니라 5 보아스가 베는 자들을 거느린 사환에게 이르되 이는 누구의 소녀냐 하니 6 베는 자를 거느린 사환이 대답하여 이르되 이는 나오미와 함께 모압 지방에서 돌아온 모압 소녀인데 7 그의 말이 나로 베는 자를 따라 단 사이에서 이삭을 줍게 하소서 하였고 아침부터 와서는 잠시 집에서 쉰 외에 지금까지 계속하는 중이니이다 8 보아스가 룻에게 이르되 내 딸아 들으라 이삭을 주우러 다른 밭으로 가지 말며 여기서 떠나지 말고 나의 소녀들과 함께 있으라 9 그들이 베는 밭을 보고 그들을 따르라 내가 그 소년

들에게 명령하여 너를 건드리지 말라 하였느니라 목이 마르거든 그릇에 가서 소년들이 길어 온 것을 마실지니라 하는지라 10 룻이 엎드려 얼굴을 땅에 대고 절하며 그에게 이르되 나는 이방 여인이거늘 당신이 어찌하여 내게 은혜를 베푸시며 나를 돌보시나이까 하니 11 보아스가 그에게 대답하여 이르되 네 남편이 죽은 후로 네가 시어머니에게 행한 모든 것과 네 부모와 고국을 떠나 전에 알지 못하던 백성에게로 온 일이 내게 분명히 알려졌느니라 12 여호와께서 네가 행한 일에 보답하시기를 원하며 이스라엘의 하나님 여호와께서 그의 날개 아래에 보호를 받으러 온 네게 온전한 상 주시기를 원하노라 하는지라 13 룻이 이르되 내 주여 내가 당신께 은혜 입기를 원하나이다 나는 당신의 하녀 중의 하나와도 같지 못하오나 당신이 이 하녀를 위로하시고 마음을 기쁘게 하는 말씀을 하셨나이다 하니라 14 식사할 때에 보아스가 룻에게 이르되 이리로 와서 떡을 먹으며 네 떡 조각을 초에 찍으라 하므로 룻이 곡식 베는 자 곁에 앉으니 2)그가 볶은 곡식을 주매 룻이 배불리 먹고 남았더라 15 룻이 이삭을 주우러 일어날 때에 보아스가 자기 소년들에게 명령하여 이르되 그에게 곡식 단 사이에서 줍게 하고 책망하지 말며 16 또 그를 위하여 곡식 다발에서 조금씩 뽑아 버려서 그에게 줍게 하고 꾸짖지 말라 하니라 17 룻이 밭에서 저녁까지 줍고 그 주운 것을 떠니 보리가 한 에바쯤 되는지라 18 그것을 가지고 성읍에 들어가서 시어머니에게 그 주운 것을 보이고 그가 배불리 먹고 남긴 것을 내어 시어머니에게 드리매 19 시어머니가 그에게 이르되 오늘 어디서 주웠느냐 어디서 일을 하였느냐 너를 돌본 자에게 복이 있기를 원하노라 하니 룻이 누구에게서 일했는지를 시어머니에게 알게 하여 이르되 오늘 일하게 한 사람의 이름은 보아스니이다 하는지라 20 나오미가 자기 며느리에게 이르되 그가 여호와로부터 복 받기를 원하노라 그가 살아 있는 자와 죽은 자에게 은혜 베풀기를 그치지 아니하도다 하고 나오미가 또 그에게 이르되 그 사람은 우리와 가까우니 우리 3)기업을 무를 자 중의 하나이니라 하니라 21 모압 여인 룻이 이르되 그가 내게 또 이르기를 내 추수를 다 마치기까지 너는 내 소년들에게 가까이 있으라 하더이다 하니 22 나오미가 며느리 룻에게 이르되 내 딸아 너는 그의 소녀들과 함께 나가고 다른 밭에서 사람을 만나지 아니하는 것이 좋으니라 하는지라 23 이에 룻이 보아스의 소녀들에게 가까이 있어서 보리 추수와 밀 추수를 마치기까지 이삭을 주우며 그의 시어머니와 함께 거주하니라

위 성경 이야기를 적절한 곳에서 끊어 읽고 표시해보자. 그리고 간단히 소제목도 붙여보자.

1.2 등장 인물

나오미, 룻, 오르바, 보아스

1.3 주요 단어 찾기

시어머니, 며느리, 동서, 모압, 재혼, 기근, 베들레헴, 밭, 이삭, 곡식, 추수

제2절 관점과 글쓰기

2.1 관점 갖기

며느리 룻의 관점에서 이 이야기를 바라본다.

2.2 제목 정하고 이야기 쓰기

제목 : 룻의 인생

(기) 내 이름은 룻이다. 나는 이방인 모압 여자이며 이스라엘 사람인 남편을 만나 가정을 이루었다. 그의 어머니 나오미는 고향이 이스라엘 베들레헴인데 모압으로 이주해서 살았다. 시어머니에게는 남편과 두 아들이 있었고, 두 아들 모두 현지의 여자들과 결혼하여 살았다. 나는 둘째 며느리이다. 그런데 세 남자 모두 사망하였다. 이제 세 여자만 남았고 심한 기근이 들어 살기 어려웠다.

(승) 시어머니 나오미는 나와 형님에게 친정으로 돌아갈 것을 권고하였다. 형님은 고향 친정으로 돌아갔으나, 나는 한사코 시어머니와 함께 살 것이라고 맹세하였다. 시어머니를 사랑했기 때문에 헤어지는 것은 생각조차 못했다. 시어머니는 나를 딸이라고 불렀고, 나 역시 그를 어머니라고 불렀다.

(전) 시어머니 고향 베들레헴으로 돌아가서 우리는 열심히 일하며 살았다. 땅이 없었으므로 남의 밭에서 추수하다 남긴 이삭을 주워서 식량을 보충했다. 그러다가 어머니의 먼 친척 보아스를 만나게 되었고, 그의 배려로 더 많은 이삭을 주울 수 있었다.

(결) 일을 마치고 집에 돌아오면 어머니와 그날 있었던 이야기를 나누었다. 어머니는 젊은 며느리가 유혹이나 위험에 빠지지 않도록 당부하였다. 나는 조심하겠다고 말씀드렸다. 그리고 보아스를 만난 일도 보고했다. 나와 어머니는 서로 배려하고 소통하며 잘 지냈다.

제3절 코딩하기

3.1 애니메이션 만들기

1단계 원고 쓰기

(기) 내 이름은 룻이다. 나는 시어머니와 둘이서 베들레헴에 살고 있다.

(승) 비록 나는 이방인 여자이지만 시어머니를 어머니처럼 모셨다. 시어머니는 나를 딸처럼 사랑하셨다.

(전) 우리는 남의 밭에서 주운 이삭으로 근근이 살았다. 나는 열심히 일했다.

(결) 일이 끝나면 집에 와서 그날 있었던 것에 대해 어머니와 대화를 나누곤 했다. 우리는 경제적

으로 어려웠지만 행복하게 살았다.

2단계 코딩하기

🏠 **전체 결과 화면**

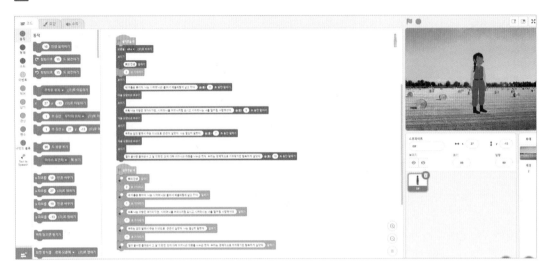

① 배경 고르기 : 야옹이를 제거하고, 화면 우하단의 [배경 고르기]에서 [Hay Field]을 선택한 후 그리고 [스프라이트 고르기]에서 [elf-a]를 클릭한다. [모양] 통제소에서 적절한 스프라이트 하나를 골라 복사 배열한다.

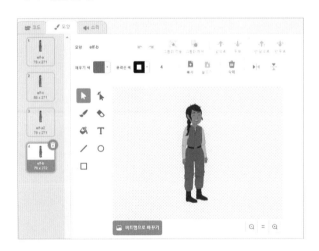

② 글쓰기 : [코드] 통제소를 클릭한다. 노랑 블록은 [이벤트] 창고에서 자주색 블록은 [형태] 창고에서 가져온다.

```
클릭했을 때
모양을 elf-a ▼ (으)로 바꾸기
보이기
  룻의 인생 말하기
    2 초 기다리기
보이기
  내 이름은 룻이다. 나는 시어머니와 둘이서 베들레헴에 살고 있다. 을(를) 6 초 동안 말하기
다음 모양으로 바꾸기
보이기
  비록 나는 이방인 여자이지만 시어머니를 어머니처럼 모셨다. 시어머니는 나를 딸처럼 사랑하셨다. 을(를) 8 초 동안 말하기
다음 모양으로 바꾸기
보이기
  우리는 남의 밭에서 주은 이삭으로 근근이 살았다. 나는 열심히 일했다. 을(를) 7 초 동안 말하기
다음 모양으로 바꾸기
보이기
  일이 끝나면 집에 와서 그 날 있었던 것에 대해 어머니와 대화를 나누곤 했다. 우리는 경제적으로 어려웠지만 행복하게 살았다. 을(를) 10 초 동안 말하기
```

③ 음성으로 변환하기 : [코드] 통제소에서 화면 좌하단의 [확장 기능 추가하기]를 누르고 [텍스트 음성 변환]을 선택한다(85쪽 참조). 그리고 노랑 블록은 [이벤트]와 [제어] 창고에서, 초록 블록은 새로 만든 [텍스트 음성 변환] 창고에서 가져온다.

```
클릭했을 때
  룻의 인생 말하기
    2 초 기다리기
  내 이름은 룻이다. 나는 시어머니와 둘이서 베들레헴에 살고 있다. 말하기
    1 초 기다리기
  비록 나는 이방인 여자이지만 시어머니를 어머니처럼 모셨다. 시어머니는 나를 딸처럼 사랑하셨다. 말하기
    1 초 기다리기
  우리는 남의 밭에서 주은 이삭으로 근근이 살았다. 나는 열심히 일했다. 말하기
    1 초 기다리기
  일이 끝나면 집에 와서 그 날 있었던 것에 대해 어머니와 대화를 나누곤 했다. 우리는 경제적으로 어려웠지만 행복하게 살았다. 말하기
```

④ 두 프로그램이 동시에 작동하도록 화면 상단의 녹색 깃발 🚩을 누른다.

3.2 찬송가 연주 코딩하기

여기서는 ⟨주님 뜻대로 살기로 했네⟩를 극장 무대에서 4부 합창으로 1절을 연주한다.

1단계 화면 우하단의 [스프라이트 고르기]에서 소프라노, 알토, 테너, 베이스에 맞게 [Abby], [Avery], [Dee], [Dan] 등을 선택한다. 그리고 [배경 고르기]에서 [Theater]를 선정한다.

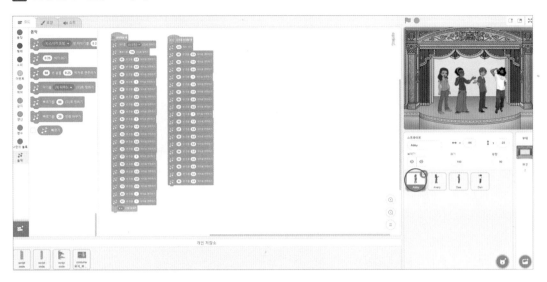

또한 화면 좌상단 [모양] 통제소 ⇨ 캔버스 [벡터]모드 ⇨ 메뉴 상태에서 마우스로 스프라이트를 포획하여 무대에 알맞게 크기를 조정한다.

2단계 각 파트 스프라이트에서 음표를 입력한다. 위 화면은 소프라노 [Abby]의 음표이다. 다른 것들은 가려져 있다. 그리고 하단의 [개인 저장소]에 코딩한 것을 저장해놓았다가 다른 파트에 사용하면 편리하다. 아래 코딩의 악기는 오르간으로 통일했지만, 각각 다른 악기로 연주해도 새로운 맛이 날 것 같다.

[Abby] 소프라노

[Avery] 알토

[Dee] 테너

[Dan] 베이스

반복하기 블록을 이용하여 3절까지 연주하기는 각자 시도해보기 바란다. 그리고 인덱스를 이용

하여 가사가 차례로 나오게 만들어보아라.

제4절 코딩 개선하기

원고 내용이 바뀌면서 배경도 달라지도록 꾸며보자. 현재 파일을 복사한 후 다른 이름에서 작업을 진행한다.

1단계 화면 우측 하단의 [배경 고르기]에서 [Hearts], [Hay field], [Farm] 등을 선택한다. 그리고 [뒤로] 간다.

2단계 화면 우측 하단 [무대]의 [배경] 공간을 클릭하면, 좌상단의 [모양]이 [배경]으로 바뀐다. 그리고 좌측의 [배경] 저장소를 누르면 아래 화면이 나온다. 여기서 적절하게 무대 배경의 그림을 배열한다.

3단계 화면 우하단의 [스프라이트 창]에서 4각형 [Elf] 스프라이트를 클릭하면 [배경] ⇨ [모양]으로 바뀌고 [코드]를 눌러 코딩 작업을 한다.

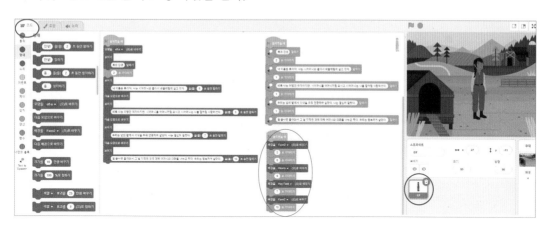

4단계 세 프로그램이 동시에 작동하도록 화면 상단의 녹색 깃발 🏳을 누른다.

다음은 [3단계]의 세 프로그램을 하나로 결합하고 있다.

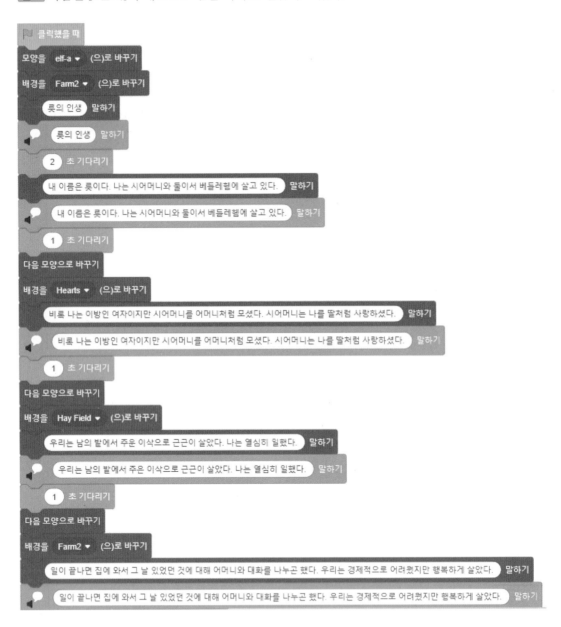

제5절 교훈 나누기

① 시어머니 나오미의 사랑과 지혜가 보인다.

② 며느리 룻의 사랑과 충성을 본다.

③ 구성원들 간의 배려와 대화가 중요하다.

③ 비록 부자는 아니지만 경제적인 독립이 가정에 행복을 준다.

제6절 과제

① 룻과 보아스(룻기 3장)

② 룻과 보아스의 결혼(룻기 4장)

제6장 다윗과 골리앗

학습목표

성경	① 현실 상황을 올바르게 인식하기 ② 현실 적응을 위한 기술 연마의 필요성 인식하기 ③ 올바른 전략을 세우기
코딩	① 배경을 직접 그리기 ② 스프라이트 직접 만들기 ③ 내용에 따라 배경 전환하기

마음만을 가지고 있어서는 안 된다. 반드시 실천하여야 한다. ― 이소룡

흔히 사람들은 기회를 기다리고 있지만, 기회는 기다리는 사람에게 잡히지 않는 법이다. 우리는 기회를 기다리는 사람이 되기 전에 기회를 얻을 수 있는 실력을 갖춰야 한다. 일에 더 열중하는 사람이 되어야 한다. ― 안창호

제1절 성경 이야기

배경

사무엘 제사장은 사사(판관)시대가 끝날 즈음 마지막 판관으로서 하나님의 계시에 따라 사울을 초대 왕, 다윗을 2대 왕으로 세웠다. 실질적인 지도자 자리에서 물러났으나 사울이 제사장 권한을 가로채는 등의 행동을 보여 사무엘은 그의 왕권을 철회했다. 그리고서는 다윗(BC 1103년 출생)에게 비밀리 기름을 부어 왕으로 임명했다. 다윗은 이스라엘에서 가장 존경받는 왕이며, 수금을 잘 탔고, 시편의 저자이다. 그는 모든 전투에서 승리를 거둔 용맹스런 장수였다. 여기서는 다윗의 어린 시절 이야기를 다루기로 한다.

1.1 성경 읽기

[개역 개정판] 사무엘상 17장 1절 ~ 58절

1 블레셋 사람들이 그들의 군대를 모으고 싸우고자 하여 유다에 속한 소고에 모여 소고와 아세가 사이의 에베스담밈에 진 치매 2 사울과 이스라엘 사람들이 모여서 1)엘라 골짜기에 진 치고 블레셋 사람들을 대하여 전열을 벌였으니 3 블레셋 사람들은 이쪽 산에 섰고 이스라엘은 저쪽 산에 섰고 그 사이에는 골짜기가 있었더라 4 블레셋 사람들의 진영에서 싸움을 돋우는 자가 왔는데 그의 이름은 골리앗이요 가드 사람이라 그의 키는 여섯 2)규빗 한 뼘이요 5 머리에는 놋 투구를 썼고 몸에는 비늘 갑옷을 입었으니 그 갑옷의 무게가 놋 오천 세겔이며 6 그의 다리에는 놋 각반을 쳤고 어깨 사이에는 놋 단창을 메었으니 7 그 창 자루는 베틀 채 같고 창 날은 철 육백 세겔이며 방패 든 자가 앞서 행하더라 8 그가 서서 이스라엘 군대를 향하여 외쳐 이르되 너희가 어찌하여 나와서 전열을 벌였느냐 나는 블레셋 사람이 아니며 너희는 사울의 신복이 아니냐 너희는 한 사람을 택하여 내게로 내려보내라 9 그가 나와 싸워서 나를 죽이면 우리가 너희의 종이 되겠고 만일 내가 이겨 그를 죽이면 너희가 우리의 종이 되어 우리를 섬길 것이니라

10 그 블레셋 사람이 또 이르되 내가 오늘 이스라엘의 군대를 모욕하였으니 사람을 보내어 나와 더불어 싸우게 하라 한지라 11 사울과 온 이스라엘이 블레셋 사람의 이 말을 듣고 놀라 크게 두려워하니라 12 다윗은 유다 베들레헴 에브랏 사람 이새라 하는 사람의 아들이었는데 이새는 사울 당

시 사람 중에 나이가 많아 늙은 사람으로서 여덟 아들이 있는 중 13 그 장성한 세 아들은 사울을 따라 싸움에 나갔으니 싸움에 나간 세 아들의 이름은 장자 엘리압이요 그 다음은 아비나답이요 셋째는 삼마며 14 다윗은 막내라 장성한 세 사람은 사울을 따랐고 15 다윗은 사울에게로 왕래하며 베들레헴에서 그의 아버지의 양을 칠 때에 16 그 블레셋 사람이 사십 일을 조석으로 나와서 몸을 나타내었더라 17 이새가 그의 아들 다윗에게 이르되 지금 네 형들을 위하여 이 볶은 곡식 한 에바와 이 떡 열 덩이를 가지고 진영으로 속히 가서 네 형들에게 주고 18 이 치즈 열 덩이를 가져다가 그들의 천부장에게 주고 네 형들의 안부를 살피고 증표를 가져오라 19 그때에 사울과 그들과 이스라엘 모든 사람들은 엘라 골짜기에서 블레셋 사람들과 싸우는 중이더라 20 다윗이 아침에 일찍이 일어나서 양을 양 지키는 자에게 맡기고 이새가 명령한 대로 가지고 가서 진영에 이른즉 마침 군대가 전장에 나와서 싸우려고 고함치며, 21 이스라엘과 블레셋 사람들이 전열을 벌이고 양군이 서로 대치하였더라 22 다윗이 자기의 짐을 짐 지키는 자의 손에 맡기고 군대로 달려가서 형들에게 문안하고 23 그들과 함께 말할 때에 마침 블레셋 사람의 싸움 돋우는 가드 사람 골리앗이라 하는 자가 그 전열에서 나와서 전과 같은 말을 하매 다윗이 들으니라 24 이스라엘 모든 사람이 그 사람을 보고 심히 두려워하여 그 앞에서 도망하며 25 이스라엘 사람들이 이르되 너희가 이 올라 온 사람을 보았느냐 참으로 이스라엘을 모욕하러 왔도다 그를 죽이는 사람은 왕이 많은 재물로 부하게 하고 그의 딸을 그에게 주고 그 아버지의 집을 이스라엘 중에서 세금을 면제하게 하시리라 26 다윗이 곁에 서 있는 사람들에게 말하여 이르되 이 블레셋 사람을 죽여 이스라엘의 치욕을 제거하는 사람에게는 어떠한 대우를 하겠느냐 이 할례 받지 않은 블레셋 사람이 누구이기에 살아 계시는 하나님의 군대를 모욕하겠느냐 27 백성이 전과 같이 말하여 이르되 그를 죽이는 사람에게는 이러이러하게 하시리라 하니라 28 큰형 엘리압이 다윗이 사람들에게 하는 말을 들은지라 그가 다윗에게 노를 발하여 이르되 네가 어찌하여 이리로 내려왔느냐 들에 있는 양들을 누구에게 맡겼느냐 나는 네 교만과 네 마음의 완악함을 아노니 네가 전쟁을 구경하러 왔도다 29 다윗이 이르되 내가 무엇을 하였나이까 어찌 3)이유가 없으리이까 하고 30 돌아서서 다른 사람을 향하여 전과 같이 말하매 백성이 전과 같이 대답하니라 31 어떤 사람이 다윗이 한 말을 듣고 그것을 사울에게 전하였으므로 사울이 다윗을 부른지라 32 다윗이 사울에게 말하되 그로 말미암아 사람이 낙담하지 말 것이라 주의 종이 가서 저 블레셋 사람과 싸우리이다 하니 33 사울이 다윗에게 이르되 네가 가서 저 블레셋 사람과 싸울 수 없으리니 너는 소년이요 그는 어려서부터 용사임이니라 34 다윗이 사울에게 말하되 주의 종이 아버지의 양을 지킬 때에 사자나 곰이 와서 양 떼에서 새끼를 물어가면 35 내가 따라가서 그것을 치고 그 입에서 새끼를 건져내었고 그것이 일어나 나를 해하고자 하면 내가 그 수염을 잡고 그것을 쳐죽였나이다 36 주의 종이 사자와 곰도 쳤은즉 살아 계시는 하나님의 군대를 모욕한 이 할례 받지 않은 블레셋 사람이리이까 그가 그 짐승의 하나와 같이 되리이다 37 또 다윗이 이르되 여호와께서 나를 사자의 발톱과 곰의 발톱에서 건져내셨은즉 나를 이 블레셋 사람의 손에서도 건져내시리이다 사울이 다윗에게 이르되 가라 여호와께서 너와 함께 계시기를 원하노라 38 이에 사울이 자기 군복을 다윗에게 입히고 놋 투구를 그의 머리에 씌우고 또 그에게 갑옷을 입히매 39 다윗이 칼을 군복 위에 차고는 익숙하지 못하므로 시험적으로 걸어 보다가 사울에게 말하되 익숙하지 못하니 이것을 입고 가지 못하겠나이다 하고 곧 벗고 40 손에 막대기를 가지고 시내에서 매끄러운 돌 다섯을 골라서 자기 목자의 제구 곧 주머니에 넣고 손에 물매를 가지고 블레셋 사람에게로 나아가니라 41 블레셋 사람이 방패 든 사람을 앞세우고 다윗에게로 점점 가까이 나아가니라 42 그 블레셋 사람이 둘러보다가 다윗을 보고 업신여기니 이는 그가 젊고 붉고 용모가 아름다움이라 43 블레셋 사람이 다윗에게 이르되 네가 나를 개로 여기고 막대기를 가지고 내게 나아왔느냐 하고 그의 신들의 이름으로 다윗을 저주하고 44 그 블레셋 사람이 또 다윗에게 이르되 내게로 오라 내가 네 살을 공중의 새들과 들짐승들에게 주리라 하는지라 45 다윗이 블레셋 사람에게 이르되 너는 칼과 창과 단창으로 내게 나아 오거니와 나는 만군의 여호와의 이름 곧 네가 모욕하는 이스라엘 군대의 하나님의 이름으로 네게 나아가노라 46 오늘 여호와께서 너를 내 손에 넘기시리니 내가 너를 쳐서 네 목을 베고 블레셋 군대의 시체를 오늘 공중의 새와 땅의 들짐승에게 주어 온 땅으로 이스라엘에 하나님이 계신 줄 알게 하겠고 47 또 여호와의 구원하심이 칼과 창에 있지 아니함을 이 무리에게 알게 하리라 전쟁은 여호와께 속한 것인즉 그가 너희를 우리 손에 넘기시리라 48 블레셋 사람이 일어나 다윗에게로 마주 가까이 올 때에 다윗이 블레셋 사람을 향하여 빨리 달리며 49 손을 주머니에 넣어 돌을 가지고 물매로 던져 블레셋 사람의 이마를 치매 돌이 그의 이마에 박히니 땅에 엎드러지니라 50 다윗이 이같이 물매와 돌로 블레셋 사람을 이기고 그를 쳐죽였으나 자기 손에는 칼이 없었더라 51 다윗이 달려가서 블레셋 사람을 밟고 그의 칼을 그 칼 집에서 빼내어 그 칼로 그를 죽이고 그의 머리를 베니 블레셋 사람들이 자기 용사의 죽음을 보고 도망하는지라 52 이스라엘과 유다 사람들이 일어나서 소리 지르며 블레셋 사람들을 쫓아 가이와 에그론 성문까지 이르렀고 블레셋 사람들의 부상자들은 사아라임 가는 길에서부터 가드와 에그론까지 엎드러졌더라 53 이스라엘 자손이 블레셋 사람들을 쫓다가 돌아와서 그들의 진영을 노략하였고 54 다윗은 그 블레셋 사람의 머리를 예루살렘으로 가져가고 갑주는 자기 장막에 두니라 55 사울은 다윗이 블레셋 사람을 향하여 나아감을 보고 군사령관 아브넬에게 묻되 아브넬아 이 소년이 누구의 아들이냐 아브넬이 이르되 왕이여 왕의 사심으로 맹세하옵나니 내가 알지 못하나이다 하매 56 왕이 이르되 너는 이 청년이 누구의 아들인가 물어보라 하였더니 57 다윗이 그 블레셋 사람을 죽이고 돌아올 때에 그 블레셋 사람의 머리가 그의 손에 있는 채 아브넬이 그를 사울 앞으로 인도하니 58 사울이 그에게 묻되 소년이여 누구의 아들이냐 하니 다윗이 대답하되 나는 주의 종 베들레헴 사람 이새의 아들이니이다 하니라 위 성경 이야기를 적절한 곳에서 끊어 읽도록 표시해보자. 그리고 간단히 소제목도 붙여보자.

1.2 등장 인물

사울왕, 다윗, 골리앗. 형들, 아브넬

1.3 주요 단어 찾기

이스라엘, 블레셋(팔레스티나), 전쟁, 장수, 놋투구, 갑옷, 창, 칼, 투창, 무릿매(물매), 조약돌, 급소

제2절 관점과 글쓰기

2.1 관점 갖기

어린 다윗의 관점에서 이야기를 전개한다.

2.2 제목 정하고 이야기 쓰기

제목 : 다윗의 승리

(기) 내 이름은 다윗이다. 나는 집안 막내로서 양치기 일을 거들고 있다. 그런데 우리나라는 최근 역사적으로 앙숙인 블레셋 나라와 40일 동안 전쟁을 하고 있었다. 오랜 기간 전투로 피로도도 높아지고 식량도 점차 소진되었다. 세 아들을 전장에 내보낸 아버지는 형들에게 가서 식량을 전하라고 나를 심부름 보냈다.

(승) 내가 싸움터에 도착하니 그날도 서로 교착 상태에서 밀고 밀리며 전투를 하고 있었다. 이때 블레셋 편에서 최고 장수끼리 싸워서 이기는 편이 승리자가 되고 패배자는 노예가 될 것을 제안하

였다. 저 멀리 골리앗이라는 거인 장수가 나와서 호통을 치고 있었다. 그는 키가 9척이 넘었고 힘이 장사였다. 이스라엘 사울 왕의 군사들은 무서워 벌벌 떨고 있었다.

(전) 진지에서 이 도발을 보고 있던 나는 하나님을 무시하는 태도에 격분했다. 나는 왕에게 말했다. "전하, 저를 내보내서 저 짐승 같은 놈과 싸우게 해주십시오. 저는 이길 자신이 있습니다. 하나님은 제 편이 되어주실 겁니다. 저는 무릿매질을 매우 잘합니다." 나는 왕이 하사한 투구와 갑옷을 버리고 무릿매와 조약돌 5개를 들고 마주 섰다.

(결) 나는 담대하게 소리쳤다. "나는 온 세상을 다스리시는 하나님의 이름으로 나왔다. 덤벼라." 골리앗을 향해 재빨리 달려 나가면서 무릿매에 조약돌을 달아 날렸다. 그 거인은 이마 급소에 정통으로 맞아 그 자리에 쓰러졌고 숨을 거두었다. 블레셋 군대는 패퇴하고 이스라엘 군대는 승리의 노래를 불렀다.

제3절 코딩하기

3.1 애니메이션 만들기

1단계 원고 쓰기

제목 : 다윗의 전략

(기) 나는 집안 막내이며 목동인데, 싸움터에 식량 배달차 심부름을 나갔다.

(승) 적장 골리앗이 우리나라를 조롱하며 일대일 겨루기를 도발하고 있었다. 우리 군사들은 그 거

인 앞에서 무서워 떨었다.

(전) 나는 양치기 때에 쓰던 무릿매를 들고 하나님 믿음으로 용감하게 나아갔다.

(결) 조약돌로 순식간에 골리앗을 쓰러뜨리고 우리 군대는 승리를 거두었다.

2단계 배경 만들기

여기서는 배경을 직접 그려 넣는 작업을 한다.

① 캔버스 마련하기 : 초기화면 우하단 [스프라이트 창]의 [야옹이] 스프라이트를 제거하면 좌상단 통제소의 [배경]과 함께 다음 화면이 나온다. [캔버스]에서 [비트맵] 모드로 전환한다. 이를 위해서 [비트맵으로 바꾸기]를 누르면 되고, 화면에는 [벡터로 바꾸기]가 나타난다(제9장 예술적 사고의 제2절 미술 참조). 그리고 색을 선택한다. 색상 30, 채도 60, 명도 70으로 정했다.

② 메뉴의 [붓] 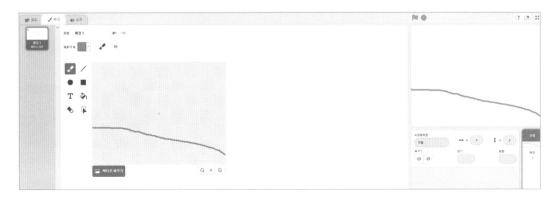 굵기 10으로 하고 선을 긋는다. 이때 유의할 점은 붓 선을 캔버스 밖에서 시작하여 긋도록 한다. 틈새가 있으면 물감이 새나가기 때문이다.

③ 메뉴의 [채우기 색] 을 선택하고, 마우스 포인터를 채색할 면에 대고 클릭한다.

④ 나머지 풍경도 원근법 차원에서 명도를 조금 줄여서 그린다. 그리고 하늘의 계조(階調; 계층적 색조; gradation)를 위해 채우기 색 의 삼각형을 누르고 조절하면 된다. 여기서는 약간의 시행착오를 경험하면서 결과를 얻을 것이다.

3단계 새 스프라이트 만들기

스크래치에는 여러 종류의 스프라이트가 내장되어 있어 적절한 것을 선택하면 된다. 그러나 상황에 알맞은 새 스프라이트를 만들어야 하는 경우가 발생한다. 여기서는 pixabay와 pixlr를 이용하여 다윗과 골리앗 두 인물을 스프라이트로 만드는 과정을 설명한다.

① 그림 파일 만들기 : 무료 이미지 사이트인 pixabay(pinterest, unsplash, freeqration 등도 있음)에서 "다윗과 골리앗"을 입력하고 그 이미지를 얻는다. png 파일로 만들고 [편집 및 만들기] ⇨ [편집]에서 크기를 조정하고 저장한다.

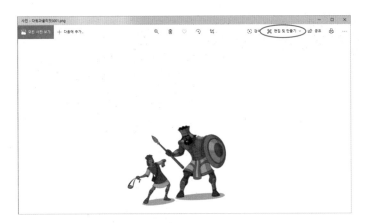

② 편집 준비하기 : 픽슬러(pixlr.com/kr/e)에서 전문가용 [PIXLR E]의 편집창이 나오면 로그인한다(크롬 상태에서). 이 프로그램은 무료 온라인 사진 편집기이다.

③ 파일 불러오기 : 화면에서 이미지 열기 를 선택하면 내PC 폴더가 나온다. 여기서 저장한 이미지 파일을 불러온다. 화면 우상단의 〉을 누르면 아래처럼 정보도 제공된다.

④ 배경 제거하기 : [마술봉]을 선택하고 마우스 포인터를 파일의 흰 배경에 대고 클릭한다. 그러면 점선들이 개체 윤곽을 둘러싼다. 개체에 대고 클릭하지 않도록 한다.

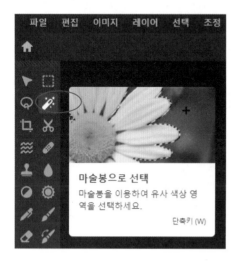

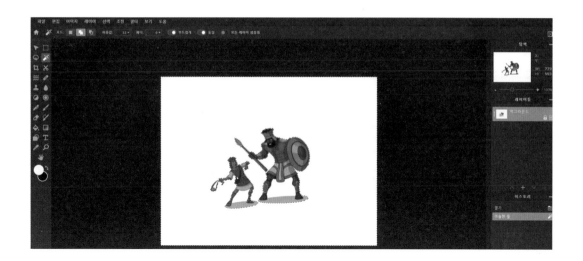

⑤ 개체 보존하기 : 키보드의 [Delete] 단추를 누르면 배경이 제거된다. 개체는 다음과 같이 투명 이미지로 남는다.

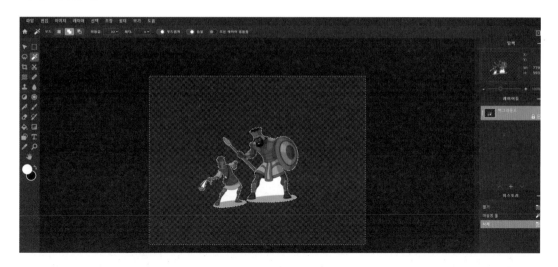

⑥ 대상 개체 추출하기 : 현재 이지미를 툴바의 [파일] ⇨ [저장]에서 "다윗_골리앗_스프라이트"로 내 PC [다운로드]에 저장한다. 그런데 두 개체를 별도로 분리하여 스프라이트로 활용하기로 한다. 이를 위해 아래 화면에서 [올가미]로 둘러싼 후 키보드의 [Delete] 단추로 골리앗을 제거한다. 먼저 그림 파일 밖에 마우스 포인터를 대고 누르면 점멸 상태가 정지된다.

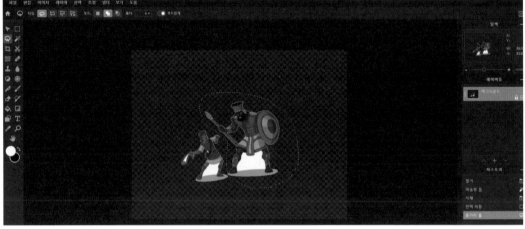

⑦ 마감 작업하기 : 화면을 크게 키운 후에 작은 여백들을 찾아 마법 [지팡이]를 휘둘러 남아 있는 배경을 제거한다.

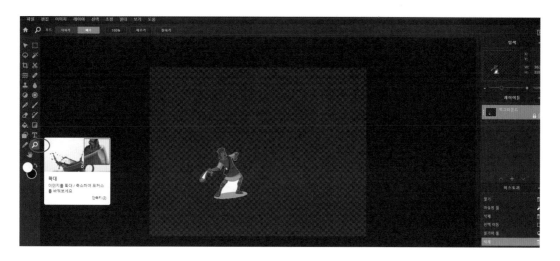

⑧ 작업 종료하기 : 화면 크기 100%로 원래 크기로 간다. 드디어 "다윗_스프라이트" 투명 이미지를 얻는다.

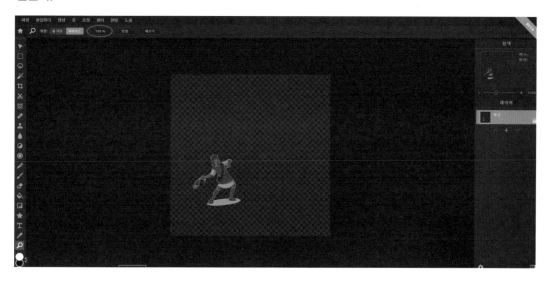

위 이미지를 "다윗_스프라이트"로 해서 툴바의 [파일] ⇨ [저장]한다. "골리앗_스프라이트"도 동일하게 작업한다.

⑨ 업로드하기 : 이제 스크래치의 우하단 [스프라이트 창]에서 [스프라이트 업로드하기]로 불러오면
된다.

4단계 다른 스프라이트 추가하기

전투가 끝난 후의 모습을 pixabay에서 하나 더 찾아놓는다. 다운받은 이미지를 hwp나 pptx에서
[파일] ⇨ **[다른 이름으로 저장하기]**에서 png 파일로 저장한다. 이를 불러내어 우상단의 **[편집 및**
만들기] ⇨ **[편집]**에 가서 크기를 조정한 후 다시 저장한다. 비록 아래 오른쪽 그림은 약간 다르
지만 왼쪽의 경우와 같이 스프라이트로 만들어 놓는다.

그런데 두 그림은 차이가 상당히 나기 때문에 우측 그림에서 다윗의 옷과 골리앗의 방패 색깔을 수정하기로 한다.

① 캔버스를 [비트맵]으로 전환한다.

② [채우기 색]의 스포이트를 마우스 포인터로 옮겨 다윗의 옷에 놓고 클릭한다. 그러면 동일한 색을 구할 수 있다.

③ 이제 다원 옷색이 변경되었다. 두 번째 모양 [다윗_승리]를 선택하고 [비트맵] 상태에서 붓으로

색칠한다. 골리앗도 동일한 방식으로 방패에 집중해서 색칠한다.

④ 각각 다윗과 골리앗의 두 번째 모양으로 탑재한다.

〈다윗 스프라이트에서〉   〈골리앗 스프라이트에서〉

5단계 코딩 작업하기

[1단계]
원고 쓰기

[2단계]
배경 만들기

[3단계]
스프라이트
만들기

[4단계]
다른 스프라이트
추가하기

[5단계]
코딩하기

코딩을 위해서 아래 화면 우측에서 붉은색 타원의 [다윗 스프라이트]를 선택한다.

① 다윗의 코딩

🏠 전체 결과 화면

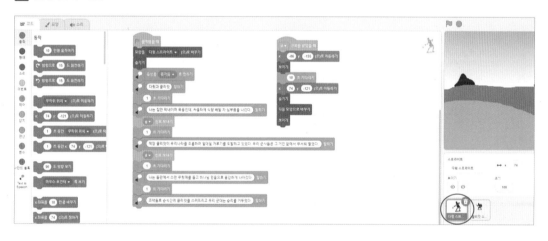

클릭했을 때
모양을 다윗 스프라이트 ▼ (으)로 바꾸기
숨기기

음성을 중저음 ▼ 로 정하기
다윗과 골리앗 말하기
1 초 기다리기
나는 집안 막내이며 목동인데, 싸움터에 식량 배달 차 심부름을 나갔다. 말하기
g ▼ 신호 보내기
1 초 기다리기
적장 골리앗이 우리나라를 조롱하며 일대일 겨루기를 도발하고 있었다. 우리 군사들은 그 거인 앞에서 무서워 떨었다. 말하기
d ▼ 신호 보내기
1 초 기다리기
나는 들판에서 쓰던 무릿매를 들고 하나님 믿음으로 용감하게 나아갔다. 말하기
1 초 기다리기
조약돌로 순식간에 골리앗을 쓰러뜨리고 우리 군대는 승리를 거두었다. 말하기

d ▼ 신호를 받았을 때
x: -86 y: -155 (으)로 이동하기
보이기
10 초 기다리기
x: 74 y: -121 (으)로 이동하기
숨기기
다음 모양으로 바꾸기
보이기

② 골리앗의 코딩 : 위 화면에서는 보이지 않지만, [골리앗 스프라이트]를 선택한 후에 다음과 같이 작업한다.

클릭했을 때
모양을 골리앗 스프라이트 ▼ (으)로 바꾸기
숨기기

g ▼ 신호를 받았을 때
x: 176 y: -46 (으)로 이동하기
보이기
21 초 기다리기
숨기기
다음 모양으로 바꾸기
x: 85 y: -122 (으)로 이동하기
보이기

③ 실행 깃발 🏳️을 누른다.

3.2 찬송가 연주 코딩하기

여기서는 〈승리는 내 것일세〉 찬송가를 연주한다.

여기서는 무대 배경을 바꾼 후에 음표 코딩을 작업한다. 먼저 앞의 [배경 1]을 [개인 저장소]에 저장해놓는다. 그리고 다음 순서를 진행한다.

1단계 새로운 화면을 만들고, 우측의 [배경]을 클릭하면 좌상단에 [모양] ⇨ [배경]으로 전환된다. [개인 저장소]에 저장한 배경이 좌하단에 보인다.

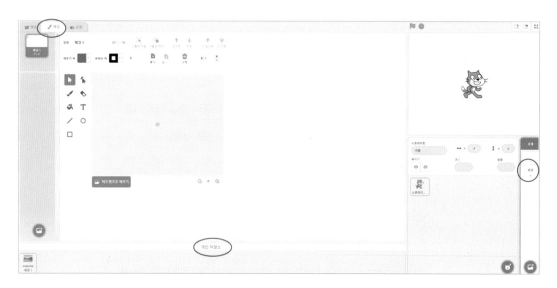

2단계 [개인저장소]의 배경을 마우스 포인터로 좌측 저장소에 올려 붙인다.

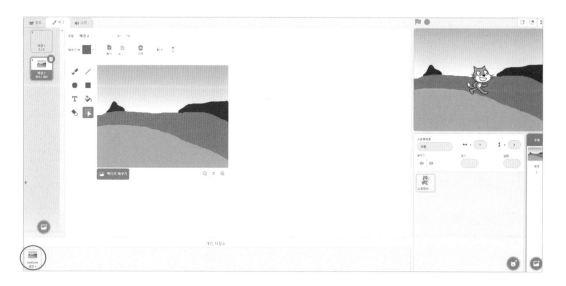

3단계 [야옹이] 스프라이트를 누르고 [코드] 통제소에서 악보 코딩 작업을 한다.

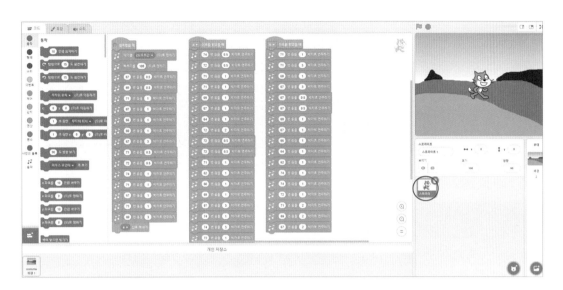

이 코딩은 [a 신호 보내기]와 [b 신호 보내기]로 전체를 연결하고 있다. 이 블록을 만들려면 [이벤트] 창고에서 아래 블록에서 [새로운 메시지]를 선택한 후에 a와 b를 각각 입력하면 된다.

[신호 받았을 때] 블록도 마찬가지 방식으로 만든다.

제4절 코딩 개선하기

여기서는 무엇을 개선할 것인가를 각자 생각해본다. 음악 코딩에서 예를 들어 피아노 왼손 반주나 알토 파트를 추가해볼 수 있다. 왼손 반주는 제9장 예술적 사고의 음악 부분을 참고하기 바란다.

제5절 교훈 나누기

다윗의 승리 전략이 무엇인가를 생각해보자. 전략은 하여야 할 것(to-do)과 하지 말아야 할 것(not-to-do)을 구분하며 차별화된 방법을 찾는 것이다. 다윗은 현재 상황을 판단하고 자신의 능력을 고려해야 한다. 먼저 다윗의 개인 능력을 강점과 약점으로 나누어보자.

① 강점(Strength) : 하나님을 진실하게 믿는다. 무릿매질을 잘 한다. 목동 일을 하면서 사나운 짐승을 이겨낸 경험이 많다.
② 약점(Weakness) : 나이가 어리다. 전투 경험이 없다.

다음으로 다윗이 처한 상황을 기회와 위협으로 나누어보자.

③ 기회(Opportunity) : 최고 장수끼리 정면 대결할 기회가 왔다. 골리앗은 움직임이 둔하다
④ 위협(Threat) : 최고 장수끼리 정면 대결의 위험부담이 있다. 골리앗은 강한 거인 장수이다.

이제 승리 전략을 세워보자. 전략은 목표 달성 방법론이다. 경쟁우위 전략은 기회와 강점을 접목시킴으로써 가능하다. 다시 말해서 골리앗을 거인으로 보지 않고 사자나 곰처럼 짐승으로 간주

하여 전투에 임한다. 그리고 움직임이 둔한 골리앗을 향해 재빨리 무릿매질을 하여 상대방을 제압하는 방법을 채택한다.

참고

위에서 설명한 방법론을 SWOT 분석이라고 부른다. 회사에서 차별화된 전략을 개발하기 위해 효과적으로 사용되는 기법이다.

〈SWOT 분석표 1〉

강점	약점
S O	
W T	
기회	위협

〈SWOT 분석표 2〉

	S	W
O	SO 전략(경쟁우위)	WO 전략(약점보완)
T	ST 전략(기회탐색)	WT 전략(생존/철수)

제6절 과제

① 친구 요나단(사무엘상 20장)

② 다윗의 왕위 등극(사무엘하 1장, 열왕기상 2장)

③ 나의 생활 속에서 골리앗 같은 두려움을 만난 경험을 서로 이야기해보자. 그 상황에서 어떻게 이겨냈는지에 대해 SWOT 분석을 실시해보자.

제7장 다니엘과 친구들

학습목표

성경	① 다니엘의 지혜와 용기를 이해하기 ② 다니엘과 친구들의 공동체 생활 이해하기 ③ 기도와 함께 공부의 중요성 깨닫기
코딩	① 스프라이트 연속 동작 배우기 ② 반복문과 조건문 이해하기 ③ 인덱스 이해하기

진실된 우정이란 느리게 자라나는 나무와 같다. ─ 조지 워싱턴

친구를 얻는 유일한 방법은 스스로 완전한 친구가 되는 것이다. ─ 에머슨

친구란 모든 것을 알고 있으면서도 사랑해주는 인간을 말한다. ─ 엘버트 허버드

제1절 성경 이야기

배경

다니엘서는 느부갓네살(네부카드네자르 2세, 바빌로니아 왕), 고레스(벨사자르, 바빌로니아 마지막 왕), 다리우스 1세(메대 왕), 키루스 2세(페르시아 왕) 치하에서 이스라엘 사람들의 포로생활(BC 586-539)을 서술하고 있다. 다니엘은 유대의 종교 전통을 잘 지켰다. 그와 그의 세 친구들은 느부갓네살 왕이 세운 금 신상 앞에 절하지 아니한 죄로 풀무불에 던져졌다. 그러나 하나님의 도우심으로 살았고 오히려 유대인의 하나님 공경을 합법화시키는 계기가 된다. 그는 지혜가 뛰어나 느부갓네살 왕의 꿈을 해석하여 장관에 임명되기도 했다. 다리우스 왕 때에는 사자굴에서도 하나님의 구원으로 살았다. 다니엘의 예언들은 하느님 백성들이 믿음으로 시련을 극복할 수 있도록 집중하기 위함이다. 여기서는 포로생활 초기 그의 나이 20대 때의 이야기를 함께 나누기로 하자.

1.1 성경 읽기

[개역 개정판] 다니엘 1장

1 유다 왕 여호야김이 다스린 지 삼 년이 되는 해에 바벨론 왕 느부갓네살이 예루살렘에 이르러 성을 에워쌌더니 2 주께서 유다 왕 여호야김과 하나님의 전 그릇 얼마를 그의 손에 넘기시매 그가 그것을 가지고 시날 땅 자기 신들의 신전에 가져다가 그 신들의 보물 창고에 두었더라 3 왕이 환관장 아스부나스에게 말하여 이스라엘 자손 중에서 왕족과 귀족 몇 사람 4 곧 흠이 없고 용모가 아름다우며 모든 지혜를 통찰하며 지식에 통달하며 학문에 익숙하여 왕궁에 설 만한 소년을 데려오게 하였고 그들에게 갈대아 사람의 학문과 언어를 가르치게 하였고 5 또 왕이 지정하여 그들에게 왕의 음식과 그가 마시는 포도주에서 날마다 쓸 것을 주어 삼 년을 기르게 하였으니 그 후에 그들은 왕 앞에 서게 될 것이더라 6 그들 가운데는 유다 자손 곧 다니엘과 하나냐와 미사엘과 아사랴가 있었더니 7 환관장이 그들의 이름을 고쳐 다니엘은 벨드사살이라 하고 하나냐는 사드락이라 하고 미사엘은 메삭이라 하고 아사랴는 아벳느고라 하였더라 8 다니엘은 뜻을 정하여 왕의 음식과 그가 마시는 포도주로 자기를 더럽히지 아니하리라 하고 자기를 더럽히지 아니하도록 환관장에게 구하

니 9 하나님이 다니엘로 하여금 환관장에게 은혜와 긍휼을 얻게 하신지라 10 환관장이 다니엘에게 이르되 내가 내 주 왕을 두려워하노라 그가 너희 먹을 것과 너희 마실 것을 지정하셨거늘 너희의 얼굴이 초췌하여 같은 또래의 소년들만 못한 것을 그가 보게 할 것이 무엇이냐 그렇게 되면 너희 때문에 내 머리가 왕 앞에서 위태롭게 되리라 하니라 11 환관장이 다니엘과 하나냐와 미사엘과 아사랴를 감독하게 한 자에게 다니엘이 말하되 12 청하오니 당신의 종들을 열흘 동안 시험하여 채식을 주어 먹게 하고 물을 주어 마시게 한 후에 13 당신 앞에서 우리의 얼굴과 왕의 음식을 먹는 소년들의 얼굴을 비교하여 보아서 당신이 보는 대로 종들에게 행하소서 하매 14 그가 그들의 말을 따라 열흘 동안 시험하더니 15 열흘 후에 그들의 얼굴이 더욱 아름답고 살이 더욱 윤택하여 왕의 음식을 먹는 다른 소년들보다 더 좋아 보인지라 16 그리하여 감독하는 자가 그들에게 지정된 음식과 마실 포도주를 제하고 채식을 주니라 17 하나님이 이 네 소년에게 학문을 주시고 모든 서적을 깨닫게 하시고 지혜를 주셨으니 다니엘은 또 모든 환상과 꿈을 깨달아 알더라 18 왕이 말한 대로 그들을 불러들일 기한이 찼으므로 환관장이 그들을 느부갓네살 앞으로 데리고 가니 19 왕이 그들과 말하여 보매 무리 중에 다니엘과 하나냐와 미사엘과 아사랴와 같은 자가 없으므로 그들을 왕 앞에 서게 하고 20 왕이 그들에게 모든 일을 묻는 중에 그 지혜와 총명이 온 나라 박수와 술객보다 십 배나 나은 줄을 아니라 21 다니엘은 고레스 왕 원년까지 있으니라

위 성경 이야기를 적절한 곳에서 끊어 읽고 간단히 소제목을 붙여보자.

1.2 등장 인물

느부갓네살(네부카드네자르, Nebuchadnezzar II, BC 605~562) 왕, 아스부나스 환관장, 다니엘, 하나냐, 미사엘, 아사랴, 감독관, 고레스 왕

1.3 주요 단어 찾기

유다, 바빌로니아, 음식과 포도주, 호의와 동정, 얼굴빛, 요청, 열흘, 시험, 채소, 교육, 문제, 왕궁

제2절 관점과 글쓰기

2.1 관점 갖기

청년 다니엘의 관점에서 이야기를 전개한다.

2.2 제목 정하고 이야기 쓰기

제목 : 다니엘의 의지와 노력

(기) 내 이름은 다니엘이다. 우리나라 유다는 이웃 강국인 바빌로니아에게 망해서 우리 민족들은 이곳에 포로로 잡혀 왔다. 느부갓네살 왕이 통치하는 이 나라는 문화강국이다. 왕은 학문적으로 우수한 사람을 원했다. 훌륭한 사람을 뽑기 위해 자국민이든 외국인이든 교육과 일터에서 차별하지 않았다. 우리는 모두 창씨개명을 하고 교육을 받았다.

(승) 나와 친구 셋은 왕의 보좌관 후보 명단에 들어갔다. 교육기간 중에 규칙 준수는 물론 왕이 하사한 음식과 포도주를 먹어야 했다. 나와 친구들은 교육 규칙은 잘 따랐지만 왕이 내린 이방인 음식과 포도주를 거부했다. 총책임자인 환관장은 이에 대해 실망했다. 교육 감독자의 책임이 있었기 때문이다. 그러나 그는 곧 나의 진실한 마음에 호의와 동정심을 보였다. 감독관과 잘 상의하라고 자리를 마련해주었다.

(전) 나는 감독관에게 나의 의지를 전했다. 감독관도 예상한대로 자신의 책임을 생각하여 그렇게 할 수 없다고 거절하였다. 나는 용기를 잃지 않았다. 그리고 다시 제안했다. 만일 앞으로 열흘 동안 채소만 먹고서도 건강을 유지한다면 허용해달라고 했다. 열흘이 지나도 우리들은 계속 건강했다. 얼굴빛이 오히려 더 좋아졌다. 마침내 3년의 교육기간이 끝났고 우리는 모두 우수한 성적으로 졸업했다.

(결) 교육생들은 모두 왕 앞에 나가서 마지막 시험을 보게 되었다. 우리들은 시험 문제를 잘 풀었다. 나와 친구들은 계속 하나님께 기도하며 공부하였던 것이다. 우리들은 지혜와 지식을 겸비하게 되었다. 왕은 대단히 흡족해하며 우리 모두를 채용하였다. 그리고 그 다음 고레스왕 일 년 동안도 보좌관 역할을 담당하였다.

제3절 코딩하기

3.1 애니메이션 만들기

제목 : 다니엘의 의지와 노력

(기) 내 이름은 다니엘이다. 우리나라는 바빌로니아에 의해 망해서 나와 세 친구들도 포로로 잡혀왔다.

(승) 이곳 느부갓네살 왕은 문화와 교육을 중시해서 우리들은 최고의 교육을 받을 수 있었다.

(전) 삼 년 교육 기간 중 감독관의 허락을 받아 이방인 음식을 먹지 않아도 되었고, 우수한 성적으로 졸업하였다.

(결) 우리 모두는 왕의 마지막 시험을 통과하고 보좌관으로 채용되었다. 하나님께 계속 기도하고 열심히 공부한 덕분이다.

다음 코딩에서는 야옹이 스프라이트가 걸어가는 모습과 배경 음악을 첨가하였다.

🏠 **전체 결과 화면**

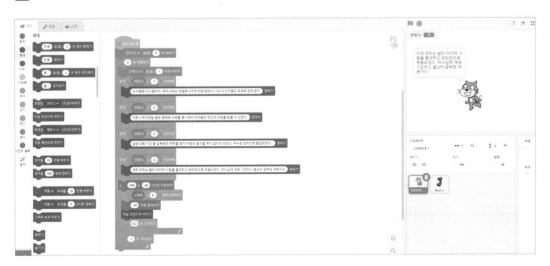

클릭했을 때
인덱스 ▼ 을(를) 0 로 정하기
4 번 반복하기
　인덱스 ▼ 을(를) 1 만큼 바꾸기
만약 〈 인덱스 = 1 〉 (이)라면
　내 이름은 다니엘이다. 우리나라는 바빌로니아에 의해 망해서 나와 세 친구들도 포로로 잡혀 왔다. 말하기
만약 〈 인덱스 = 2 〉 (이)라면
　이곳 느부갓네살 왕은 문화와 교육을 중시해서 우리들은 최고의 교육을 받을 수 있었다. 말하기
만약 〈 인덱스 = 3 〉 (이)라면
　삼년 교육 기간 중 감독관의 허락을 받아 이방인 음식을 먹지 않아도 되었고, 우수한 성적으로 졸업하였다. 말하기
만약 〈 인덱스 = 4 〉 (이)라면
　우리 모두는 왕의 마지막 시험을 통과하고 보좌관으로 채용되었다. 하나님께 계속 기도하고 열심히 공부한 덕분이다. 말하기
x: 240 y: -50 (으)로 이동하기
x좌표 < 0 까지 반복하기
　-10 만큼 움직이기
　다음 모양으로 바꾸기
　0.2 초 기다리기
1 초 기다리기

이 코딩은 반복문과 조건문으로 구성되어 있다. 반복문 ㄷ 자형 블록은 [제어] 창고에서 가져와 숫자를 수정한다. 여기서는 10회를 4회로 수정하여 반복하도록 하였다.

다음으로 조건문은 "만일 ~~라면 ~~한다" 식으로 만약이라는 ㄷ자형은 조건을 따질 때에 긴요하다. [제어] 창고에서 다음 블록을 가져온다.

그리고 인덱스 i는 위치 번호를 알려준다. 이것은 [변수] ⇨ [변수 만들기]를 선택하면 다음 화면에서 새롭게 만들 수 있다. 그러면 [무대]에 이 변수가 나타난다.

코딩에서는 인덱스 i의 초기치를 0으로 정하고 계속 1씩 증가한다. 최종적으로 4가 넘어 5가 되면 프로그램은 멈춘다. 코딩은 사실 반복문과 조건문이 핵심 과정이다.

3.2 찬송가 연주 코딩하기

여기서는 〈우리에게 향하신〉을 선택한다. 1절은 멜로디만 연주하고, 2절에서는 반주와 함께 연주하도록 한다.

다음은 야옹이 상태에서 멜로디를 입력한 결과 화면이다.

🏠 전체 결과 화면

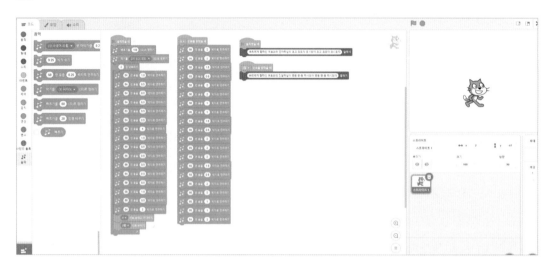

[멜로디 코딩]

제4절 코딩 개선하기

여기서는 멜로디에 왼손 반주를 함께 해본다. 왼손 반주는 새 스프라이트 [J]에서 코딩 작업한다.

그리고 배경 화면을 선택하기 위해 다음과 같이 진행한다.

① pixabay.com에서 church를 검색하고 내 PC에 교회.png 파일로 저장
② 화면 우측의 [배경]을 누른 후, 좌측 상단의 [배경] 통제소를 선택
③ 캔버스 "비트맵"(다시 말해서 백터로 바꾸기) 상태에서 화면 우하단의 [배경 고르기] ⇨ [배경 업로드하기]에서 그림 파일 업로드
④ 캔버스 도구 상자의 ▶으로 그림 크기 조정

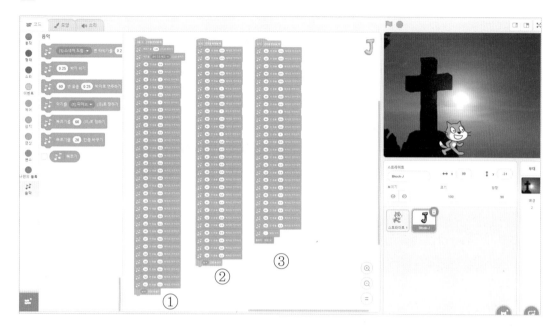

[J] 스프라이트를 [무대] 화면에서 보이지 않게 하려면 다음 창에 있는 [보이기] 우측을 선택한다.

위의 코딩을 3 부분으로 나누어서 제시한다.

[①부분의 코딩]

2절 ▼ 신호를 받았을 때

♫♪ 빠르기를 108 (으)로 정하기

♫♪ 악기를 (21) 신드 패드 ▼ (으)로 정하기

♫♪ 40 번 음을 0.5 박자로 연주하기

♫♪ 47 번 음을 0.5 박자로 연주하기

♫♪ 52 번 음을 1 박자로 연주하기

♫♪ 44 번 음을 0.5 박자로 연주하기

♫♪ 47 번 음을 0.5 박자로 연주하기

♫♪ 52 번 음을 1 박자로 연주하기

♫♪ 35 번 음을 0.5 박자로 연주하기

♫♪ 42 번 음을 0.5 박자로 연주하기

♫♪ 47 번 음을 0.5 박자로 연주하기

♫♪ 42 번 음을 0.5 박자로 연주하기

♫♪ 39 번 음을 0.5 박자로 연주하기

♫♪ 42 번 음을 0.5 박자로 연주하기

♫♪ 47 번 음을 0.5 박자로 연주하기

♫♪ 42 번 음을 0.5 박자로 연주하기

♫♪ 35 번 음을 0.5 박자로 연주하기

♫♪ 42 번 음을 0.5 박자로 연주하기

♫♪ 47 번 음을 0.5 박자로 연주하기

♫♪ 42 번 음을 0.5 박자로 연주하기

♫♪ 39 번 음을 0.5 박자로 연주하기

♫♪ 42 번 음을 0.5 박자로 연주하기

♫♪ 47 번 음을 0.5 박자로 연주하기

♫♪ 42 번 음을 0.5 박자로 연주하기

♫♪ 40 번 음을 0.5 박자로 연주하기

♫♪ 47 번 음을 0.5 박자로 연주하기

♫♪ 52 번 음을 0.5 박자로 연주하기

♫♪ 54 번 음을 0.5 박자로 연주하기

♫♪ 56 번 음을 0.5 박자로 연주하기

♫♪ 54 번 음을 0.5 박자로 연주하기

♫♪ 52 번 음을 0.5 박자로 연주하기

♫♪ 47 번 음을 0.5 박자로 연주하기

a ▼ 신호 보내기

[②부분의 코딩]

a ▼ 신호를 받았을 때
♫ 45 번 음을 0.5 박자로 연주하기
♫ 52 번 음을 0.5 박자로 연주하기
♫ 57 번 음을 1 박자로 연주하기
♫ 49 번 음을 0.5 박자로 연주하기
♫ 52 번 음을 0.5 박자로 연주하기
♫ 57 번 음을 1 박자로 연주하기
♫ 40 번 음을 0.5 박자로 연주하기
♫ 47 번 음을 0.5 박자로 연주하기
♫ 52 번 음을 1 박자로 연주하기
♫ 44 번 음을 0.5 박자로 연주하기
♫ 47 번 음을 0.5 박자로 연주하기
♫ 52 번 음을 1 박자로 연주하기

♫ 35 번 음을 0.5 박자로 연주하기
♫ 42 번 음을 0.5 박자로 연주하기
♫ 47 번 음을 0.5 박자로 연주하기
♫ 42 번 음을 0.5 박자로 연주하기
♫ 39 번 음을 0.5 박자로 연주하기
♫ 42 번 음을 0.5 박자로 연주하기
♫ 47 번 음을 0.5 박자로 연주하기
♫ 42 번 음을 0.5 박자로 연주하기
♫ 40 번 음을 0.5 박자로 연주하기
♫ 47 번 음을 0.5 박자로 연주하기
♫ 52 번 음을 0.5 박자로 연주하기
♫ 40 번 음을 0.5 박자로 연주하기
♫ 44 번 음을 0.5 박자로 연주하기
♫ 47 번 음을 0.5 박자로 연주하기
♫ 52 번 음을 0.5 박자로 연주하기
♫ 44 번 음을 0.5 박자로 연주하기
b ▼ 신호 보내기

[③부분의 코딩]

그리고 깃발 🏳️을 누르면 된다.

제5절 교훈 나누기

다니엘의 입장에서 현재 상황을 판단하고 자신의 역량을 고려하는 것이 중요하다. SWOT 분석을 위해 먼저 개인 역량을 강점과 약점으로 나누어보자.

① 강점 : 하나님을 진실하게 믿는다. 지혜가 있어 소통을 잘하고 성실하게 공부하는 능력이 있다.
② 약점 : 이방인 포로로서 자칫 목숨이 위태로울 수 있다.

그리고 다니엘이 처한 상황을 기회와 위협으로 나누어보자.

③ 기회 : 선진국의 교육을 받을 기회가 주어졌다.
④ 위협 : 이방인 교육생으로서 지배국의 교육정책에 반대하는 것은 위험하다.

이제 승리 전략을 세워보자. 전략은 목표 달성 방법론이며, 경쟁우위 전략은 강점과 기회를 접목시킴으로써 가능하다. 다니엘은 나라와 민족을 위해 열심히 기도하고 또한 공부할 기회를 잘 활용했다. 또한 자신의 의사를 진실되게 밝히고 상대가 이해할 만한 제안으로 허락을 구했다. 비록 적국이지만 그가 가진 지혜와 지식은 바빌로니아 왕을 위해 훌륭하게 쓰였고 민족 해방에 대한 꿈을 잃지 않았다.

제6절 과제

① 느부갓네살 왕의 첫 번째 꿈 해석(다니엘 2장)

② 풀무불(불타는 가마)과 다니엘(다니엘 3장)

③ 사자굴과 다니엘(다니엘 6장)

④ 일제 강점기에 기독교인들의 삶에 대해서 이야기를 만들어본다.

제8장 예수의 병고침

학습목표

성경	① 예수의 측은지심을 배우기 ② 예수의 병고침 사역을 이해하기
코딩	① 영어로 번역하기 ② 영어로 말하기

내가 곧 길이요 진리요 생명이니 나로 말미암지 않고는 아버지께로 올 자가 없느니라. — 성경(요한복음 14:6)

그런 즉 깨어 있으라. 너희는 그 날과 그 시를 알지 못하느니라. — 성경(마태복음 25:13)

제1절 성경 이야기

배경

성경은 구약 39 신약 27 모두 66권으로 되어 있다. 구약은 예언서로서 예수께서 이 세상에 오심을 예언하고 신약은 오신 예수께서 구원의 사역을 펼치신 이야기로 가득 차 있다. "하나님이 세상을 이처럼 사랑하사 독생자를 주셨으니 이는 저를 믿는 자마다 멸망하지 않고 영생을 얻게 하심이라 (요한복음 3장 16절)." 여기서는 수많은 치유 사역과 이적 중의 하나를 소개한다.

1.1 성경 읽기

[개역 개정판] 마태복음 제8장 1절~17절

1 예수께서 산에서 내려 오시니 수많은 무리가 따르니라 2 한 나병환자가 나아와 절하며 이르되 주여 원하시면 저를 깨끗하게 하실 수 있나이다 하거늘 3 예수께서 손을 내밀어 그에게 대시며 이르시되 내가 원하노니 깨끗함을 받으라 하시니 즉시 그의 나병이 깨끗하여진지라 4 예수께서 이르시되 삼가 아무에게도 이르지 말고 다만 가서 ㄱ)제사장에게 네 몸을 보이고 모세가 명한 예물을 드려 그들에게 입증하라 하시니라 5 예수께서 가버나움에 들어가시니 한 백부장이 나아와 간구하여 6 이르되 주여 내 하인이 중풍병으로 집에 누워 몹시 괴로워하나이다 7 이르시되 내가 가서 고쳐 주리라 8 백부장이 대답하여 이르되 주여 내 집에 들어오심을 나는 감당하지 못하겠사오니 다만 말씀으로만 하옵소서 그러면 내 하인이 낫겠사옵나이다 9 나도 남의 수하에 있는 사람이요 내 아래에도 군사가 있으니 이더러 가라 하면 가고 저더러 오라 하면 오고 내 종더러 이것을 하라 하면 하나이다 10 예수께서 들으시고 놀랍게 여겨 따르는 자들에게 이르시되 내가 진실로 너희에게 이르노니 1)이스라엘 중 아무에게서도 이만한 믿음을 보지 못하였노라 11 또 너희에게 이르노니 동 서로부터 많은 사람이 이르러 아브라함과 이삭과 야곱과 함께 천국에 2)앉으려니와 12 그 나라의 본 자손들은 바깥 어두운 데 쫓겨나 거기서 울며 이를 갈게 되리라 13 예수께서 백부장에게 이르시되 가라 네 믿은 대로 될지어다 하시니 그 즉시 하인이 나으니라 14 예수께서 베드로의 집에 들어가사 그의 장모가 열병으로 앓아 누운 것을 보시고 15 그의 손을 만지시니 열병이 떠나가고

여인이 일어나서 예수께 수종들더라 16 저물매 사람들이 귀신 들린 자를 많이 데리고 예수께 오거늘 예수께서 말씀으로 귀신들을 쫓아 내시고 병든 자들을 다 고치시니 17 이는 선지자 이사야를 통하여 하신 말씀에 ㄴ)우리의 연약한 것을 친히 담당하시고 병을 짊어지셨도다 함을 이루려 하심이더라

위 성경 이야기를 적절한 곳에서 끊어 읽도록 표시하고 간단히 소제목도 붙여보자.

이후에서는 마태복음 8장 5절~13절의 말씀에 따라 생각해본다.

1.2 등장 인물

예수, 백부장, 종

1.3 주요 단어 찾기

중풍, 집, 믿음, 상관, 병사, 어두운 데, 시각

제2절 관점과 글쓰기

2.1 관점 갖기

백부장의 관점에서 예수님의 치유 사역을 바라본다.

2.2 제목 정하고 이야기 쓰기

제목 : 백부장의 믿음

(기) 나는 로마 군대의 백부장이다. 내 집 하인이 중풍에 걸려 매우 괴로워하면서 누워 있다.
(승) 마침 군부대 근처에 예수라는 분이 오신다고 들었다. 나는 평소에도 그분의 병고침에 대한 명성을 익히 알고 있었다.
(전) 나는 예수께 다가가서 나의 집이 아니라 여기서도 내 하인의 병을 고칠 수 있다고 말씀드렸다.
(결) 예수께서 그 믿음에 감동하시고 즉시 집에 누워 있는 하인의 병을 낫게 하셨다.

제3절 코딩하기

3.1 애니메이션 만들기

기승전결 원고를 영어 번역하고 음성으로 전환한다.

1단계 번역과 음성 기능 전환하기 : 초기화면 좌하단의 ■ [확장 기능 추가하기]를 누르면 다음 화면이 나온다. 여기서 [번역]과 [텍스트 음성 변환] 기능을 선택한다.

2단계 영어 번역하기 : [번역] 창고에서 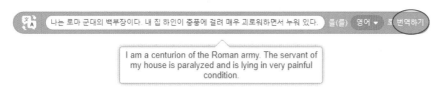 블록을 꺼내고 원고를 입력한다. 직접 입력하거나 원고에서 복사하여 넣으면 된다. 그리고 나서 아래 화면의 붉은 원을 클릭하면 번역 영어가 나온다. 이 번역은 한글 원문에 의존하기 때문에 이를 몇 번 수정해야 원하는 영어가 나올 것이다.

3단계 영어 읽기 : 이를 위해 [Text to Speech(텍스트 음성변환)] 창고에서 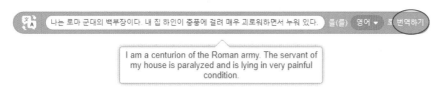 블록을 꺼내고, [2단계]의 블록을 아래와 같이 삽입한다.

4단계 영어 쓰기 : 번역 영어를 [야옹이]가 쓰도록 한다. 이를 위해 [형태] 창고에서 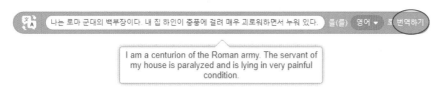 를 꺼내서 [2단계]의 블록을 아래와 같이 넣는다.

완성하기 : 나머지 한글 원문도 동일한 방식으로 진행한다. 다음은 전체를 모아놓은 것이다.

[NASB] chapter 8 : 5~13

5. And when He had entered Capernaum, a centurion came to Him, entreating Him, 6. and saying, "Lord, my servant is lying paralyzed at home, suffering great pain." 7. And He *said to him, "I will come and heal him." 8. But the centurion answered and said, "Lord, I am not worthy for You to come under my roof, but just say the word, and my servant will be healed. 9. "For I, too, am a man under authority, with soldiers under me; and I say to this one, 'Go!' and he goes, and to another, 'Come!' and he comes, and to my slave, 'Do this!' and he does [it]." 10. Now when Jesus heard [this,] He marveled, and said to those who were following, "Truly I say to you, I have not found such great faith with anyone in Israel. 11. "And I say to you, that many shall come from east and west, and recline [at the table] with Abraham, and Isaac, and Jacob, in the kingdom of heaven; 12. but the sons of the kingdom shall be cast out into the outer darkness; in that place there shall be weeping and gnashing of teeth. " 13. And Jesus said to the centurion, "Go your way; let it be done to you as you have believed." And the servant was healed that [very] hour.

3.2 찬송가 코딩하고 연주하기

여기서는 〈달고 오묘한 그 말씀〉을 연주하고 소프라노와 알토를 선택한다.

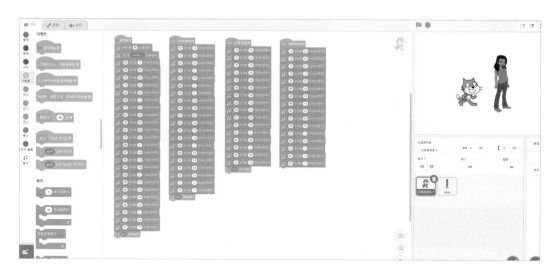

[소프라노 파트]

클릭했을 때
```
빠르기를 (88) (으)로 정하기
악기를 (14) 바순 ▾ (으)로 정하기
69 번 음을 1 박자로 연주하기
69 번 음을 0.5 박자로 연주하기
69 번 음을 0.5 박자로 연주하기
70 번 음을 0.5 박자로 연주하기
69 번 음을 0.5 박자로 연주하기
69 번 음을 1 박자로 연주하기
67 번 음을 0.5 박자로 연주하기
67 번 음을 1.5 박자로 연주하기
60 번 음을 0.5 박자로 연주하기
67 번 음을 0.5 박자로 연주하기
67 번 음을 0.5 박자로 연주하기
69 번 음을 1 박자로 연주하기
67 번 음을 0.5 박자로 연주하기
65 번 음을 1.5 박자로 연주하기
60 번 음을 1.5 박자로 연주하기
69 번 음을 1 박자로 연주하기
69 번 음을 0.5 박자로 연주하기
69 번 음을 0.5 박자로 연주하기
70 번 음을 0.5 박자로 연주하기
69 번 음을 0.5 박자로 연주하기
69 번 음을 1 박자로 연주하기
67 번 음을 0.5 박자로 연주하기
67 번 음을 1.5 박자로 연주하기
a ▾ 신호 보내기
```

a ▾ 신호를 받았을 때
```
60 번 음을 0.5 박자로 연주하기
67 번 음을 0.5 박자로 연주하기
67 번 음을 0.5 박자로 연주하기
69 번 음을 1 박자로 연주하기
67 번 음을 0.5 박자로 연주하기
65 번 음을 3 박자로 연주하기
69 번 음을 1 박자로 연주하기
69 번 음을 0.5 박자로 연주하기
69 번 음을 0.5 박자로 연주하기
70 번 음을 0.5 박자로 연주하기
72 번 음을 0.5 박자로 연주하기
74 번 음을 1.5 박자로 연주하기
72 번 음을 1.5 박자로 연주하기
69 번 음을 1 박자로 연주하기
69 번 음을 0.5 박자로 연주하기
69 번 음을 0.5 박자로 연주하기
70 번 음을 0.5 박자로 연주하기
72 번 음을 0.5 박자로 연주하기
74 번 음을 1.5 박자로 연주하기
72 번 음을 1.5 박자로 연주하기
b ▾ 신호 보내기
```

b ▾ 신호를 받았을 때
```
72 번 음을 0.5 박자로 연주하기
70 번 음을 0.5 박자로 연주하기
70 번 음을 0.5 박자로 연주하기
70 번 음을 1.5 박자로 연주하기
70 번 음을 0.5 박자로 연주하기
69 번 음을 0.5 박자로 연주하기
69 번 음을 0.5 박자로 연주하기
69 번 음을 1.5 박자로 연주하기
69 번 음을 0.5 박자로 연주하기
67 번 음을 0.5 박자로 연주하기
65 번 음을 0.5 박자로 연주하기
67 번 음을 1 박자로 연주하기
64 번 음을 0.5 박자로 연주하기
65 번 음을 1 박자로 연주하기
69 번 음을 0.5 박자로 연주하기
72 번 음을 1.5 박자로 연주하기
c ▾ 신호 보내기
```

c ▾ 신호를 받았을 때
```
72 번 음을 0.5 박자로 연주하기
70 번 음을 0.5 박자로 연주하기
70 번 음을 1.5 박자로 연주하기
70 번 음을 0.5 박자로 연주하기
69 번 음을 0.5 박자로 연주하기
69 번 음을 1.5 박자로 연주하기
69 번 음을 0.5 박자로 연주하기
67 번 음을 0.5 박자로 연주하기
65 번 음을 0.5 박자로 연주하기
67 번 음을 1 박자로 연주하기
64 번 음을 0.5 박자로 연주하기
65 번 음을 3 박자로 연주하기
65 번 음을 1.5 박자로 연주하기
65 번 음을 1.5 박자로 연주하기
```

[알토 파트]

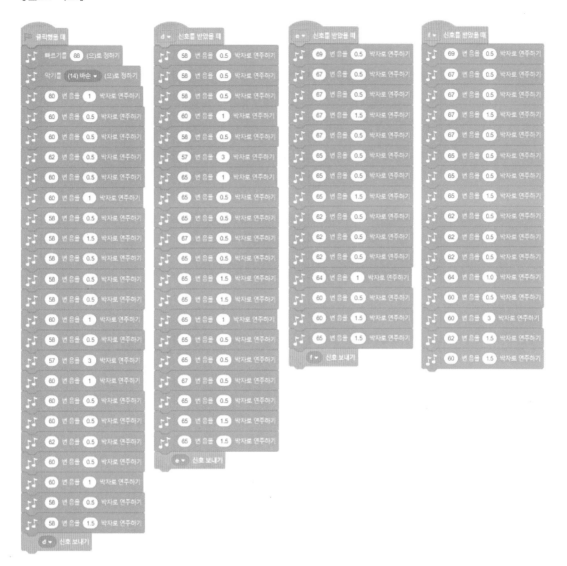

각자 이 노래를 4부 합창으로 3절 끝까지 연주해보자.

제4절 코딩 개선하기

① 무대에 예수님와 백부장 스프라이트를 만들어서 올려놓는다(생략).

② 중국어, 일본어, 스페인어 등으로 번역한다(생략).

③ 만일 야옹이가 한글을 입력한 후에 번역 영어를 내보낸다면 다음과 같이 진행한다.

1단계 다음 코딩 작업을 하고, 무대의 빈칸에 한글 원문을 입력한다.

블록 창고

① 이벤트
② 감지
③ 형태
④ Text to Speech
⑤ Text to Speech
⑥ Text to Speech

③번 블록 설명

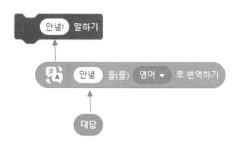

[형태] + [번역] + [감지]

2단계 엔터를 친다. 야옹이는 번역기가 된 셈이다.

제5절 교훈 나누기

① 예수의 능력을 사모하고 타인에 대해 측은지심과 긍휼을 실천한다.
② 믿음대로 소원이 이루어진 경험이 있으면 서로 나누어보자.

제6절 과제

예수께서 이 세상에 오셔서 많은 병고침과 이적을 행하셨다. 성경에서 찾아보고 글쓰기와 코딩으로 표현해보자.

내용	마태복음	마가복음	누가복음	요한복음
1. 중풍병자 치유	9:1~8	2:1~12	5:17~26	
2. 혈우병 여인 치유	9:20~22	5:25~34	8:43~48	
3. 야이로의 죽은 딸을 살리심	9:18~19 9:23~26	5:21~24 5:35~43	8:40~42 8:49~56	
4. 여리고의 소경 바디매오	20:29~34	10:46~52	18:35~43	
5. 신하의 아들(가버나움) 치유				4:46~54
6. 38년 된 베데스타 병자				5:1~9
7. 물로 포도주 만드심				2:1~11
8. 오병이어	14:13~21	6:34~44	9:10~17	6:1~15
9. 물 위 걸으심	14:22~33	6:45~52		6:16~21
10. 광풍을 잔잔하게 하심	8:23~27	4:35~41	8:22~25	

이 외에도 많은 병고침과 이적을 발견할 수 있다.

제9장 예술적 사고

학습목표

음악	① 스크래치 12 음계 배우기 ② 멜로디와 화성학을 배우기 ③ 노래 연주에서 반주 배우기 ④ 작곡의 기초 이해하기
미술	① 빛의 삼원색과 세 속성 배우기 ② 색상에 대해 이해하기 ③ 배경 그림을 직접 그려 보기

모든 일 가운데 가장 좋은 것은 작곡이고 그 다음은 노래를 부르는 것이다. ― H. 벨록

"더는 못 그리겠다"는 마음의 소리가 들려도 무조건 계속 그려보라. 그러면 이내 그 목소리는 들리지 않게 된다. ― 빈센트 반 고흐

미술은 손과 머리와 가슴이 함께 움직이는 것이다. ― 러스킨

제1절 음악
제2절 미술

예술은 주체를 통해 보편성을 표현하는 지적 기술이다. 다시 말해서 예술은 개성적이며 동시에 보편적이며, 현실적인 추상으로 이상적인 상을 만든다. 예술 작품은 관능적 쾌감에서 한 걸음 나아가 미(美)를 창조한다. 예술가는 자신의 미적 표현물을 감상자들에게 직관시킨다. 예술가에 의해 재구성된 생산품이 감상자에 의해 소비되는 것이다. 예술가의 자아 확립과 표현양식의 발달로 예술은 다양하게 전개되고 있다.

[네이버 지식백과] 예술 [art, 藝術] (두산백과) 요약

제1절 음악

1.1 음악의 3요소

음악은 소리 재료를 가지고 생각이나 감정을 표현하는 예술이다. 그런데 모든 소리가 음악은 아니다. 특정 소리를 즐겁게 듣는 사람이 있는가 하면, 반대로 불편해하는 사람도 있다. 음악의 선호 경향은 시대마다 지역마다 다르다. 음악은 문화적 공유물이기 때문이다. 음악에는 리듬, 멜로디(가락, 선율), 하모니(화성) 등 삼요소가 있다. 이 삼요소를 체계적으로 결합하여야 좋은 음악이 된다.

첫째, 리듬은 길고 짧은 그리고 세고 약한 음이 순차적으로 결합되어 있다. 박자나 빠르기(tempo : 템포) 등으로 표현되는 리듬은 음악의 기본적인 구조를 나타낸다. 리듬은 심장의 박동(1분당 80회 정도)에서 비롯되었다고 한다. 악보에서 세로줄로 나뉜 한 칸을 마디라고 하는데, 한 마디 안에 들어가는 박자 수는 일정하다. 박자란 일종의 묶는 작업이라고 할 수 있는데, 대부분 2~3박자다. 4박자도 2박의 두 묶음으로 듣게 된다.

둘째, 멜로디는 여러 음이 연결되어 있어 시각적인 윤곽을 느끼게 한다. 마치 깜박거리는 회전

조명 아래에 서 있으면 무대가 빙빙 돌아가는 것처럼 착각하게 하는 것과 같다. 연속되는 음들이 올라가고 내려가는 패턴을 멜로디 윤곽이라고 한다. 음악을 들으면 어떤 장면이 떠오르는 것은 이 윤곽 때문이다. 사람들은 리듬이나 하모니보다는 멜로디를 쉽게 기억한다. 어떻게 보면 노래는 잘하지 못해도 작곡이 더 쉬울 수도 있다.

셋째, 하모니(화음)는 두 개 이상의 음이 동시에 울리는 것을 말한다. 멜로디가 음의 순차적 연결이라고 하면 하모니는 음의 수직적 연결이다. 하모니는 삼차원 공간으로 가는 소리와 같다. 우리 귀에 평온하게 들리면 어울림 음정(협화음)이라고 하고, 불쾌하게 들리면 안 어울림 음정(불협화음)이라고 한다. 피아노의 C코드는 도미솔 세 건반을 한꺼번에 치면 협화음이 되고, 인접한 건반 도레미를 한꺼번에 누르면 불협화음(안 어울림 음정)이 나온다.[1]

1.2 멜로디 연주하기

① 음계

음계는 음이름과 계이름으로 되어 있다. 음 이름은 "다라마바사가나다"로 표기하며 조표와 상관없이 그 위치가 고정되어 있다. 계이름은 "도레미파솔라시도"이며 조표에 따라 변한다. 음악의 한 옥타브는 7개의 음계로 되어 있음은 누구나 다 아는 사실이다. 음고는 주파수(frequency)에 따라 달라진다. 예를 들어, 도(C) 262헤르츠, 미(E) 330헤르츠, 솔 392헤르츠 등이다.

먼저 조표가 없는 다장조의 7음계를 살펴보자. 이것은 3~4(미~파)음, 7~8(시~도)음이 반음으로 이루어진 장음계이다.

---

1 [네이버 지식백과] 음악의 요소 참조.

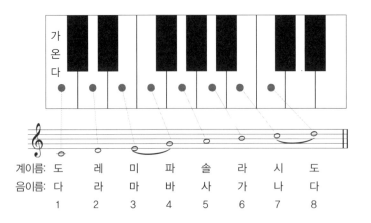

계이름: 도 레 미 파 솔 라 시 도
음이름: 다 라 마 바 사 가 나 다
1 2 3 4 5 6 7 8

② 멜로디 연주하기

다음 노래를 함께 불러보자.

좋으신 하나님

스크래치에서 기본 도(C)는 60번이며 반음은 1씩 증가한다. 피아노의 한 옥타브에는 흰 건반 7
개 검은 건반 5개가 있다. 기본 도(60)에서 높은 도(72)까지의 음계 차이는 12인 셈이다.

음계	C(도)	C#	D(레)	D#	E(미)	F(파)	F#	G(솔)	G#	A(라)	A#	B(시)	C(도)
번호	60	61	62	63	64	65	66	67	68	69	70	71	72

멜로디를 연주하려면 스크래치에서 음표를 가져오면 된다. 음표 코딩을 위해 다음 순서로 진행한다.

1단계 초기화면 좌하단에 있는 ![icon] **[확장 기능 추가하기]**를 선택한다.

2단계 아래 화면이 나오면 [음악]의 🎵 단추를 누른다. 그리고 뒤로(직전 화면) 돌아간다.

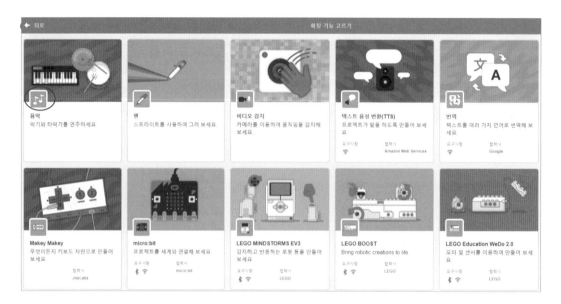

3단계 [코드] 저장소에 [음악] 창고가 만들어진다.

4단계 노래에 맞추어서 블록을 배열한다.

이 노래의 계명은 "도도미/ 레레레/ 레레파/ 미미미/ 미미솔/ 파레미/ 미레/ 도"이고, 이에 대응하는 스크래치 음표의 숫자는 "60 60 64/ 62 62 62/ 62 62 65/ 64 64 64/ 64 64 67/ 65 62 64/ 64 62/ 60"이다.

다음은 빠르기 도표이다. 메트로놈 동작이 일 분당 한 박자의 횟수를 뜻한다.

[도표 9-2] 빠르기 표

빠르기표	의미	메트로놈 빠르기
Grave(그라베)	느리고 장중하게	40
Largo(라르고)	느리고 폭넓게	46
Lento(렌토)	느리고 무겁게	52
Adagio(아다지오)	느리고 침착하게	56
Andante(안단테)	느리게	66
Andantino(안단티노)	조금 느리게	69
Moderato(모데라토)	보통 빠르기	88
Allegretto(알레그레토)	조금 빠르게	108
Allegro(알레그로)	빠르게	132
Vivace(비바체)	빠르고 경쾌하게	160
Presto(프레스토)	매우 빠르고 경쾌하게	184

〈좋으신 하나님〉의 멜로디 코딩은 제2장을 참고하기 바란다.

1.3 화성학

① 음악 코드 이해하기

앞에서 연주한 노래는 다장조(C Major) 노래다. 화성(harmony)이 간단하지만 잘 이루어져 있어 누구나 편하게 부를 수 있다. 화성은 여러 음을 수직적으로 배치한 것으로서 코드(chord)라고 부른다.[2] 일반적으로 노래는 세 종류의 주요 화음 코드로 구성된다. 조표가 없는 다장조(C Major)의 경우 주요 3화음은 C코드(도미솔), F코드(파라도), G코드(솔시레)로 구성된다.

[도표 9-3] 다장조 주요 3화음

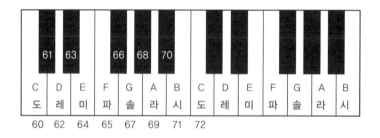

주요 3화음은 1도 화음, 4도 화음, 5도 화음이다(7음계에서 1-4-5 체계). 다장조에서 C코드는 첫번째 "C음" 위에 두 음을 쌓아 올린 1도 으뜸화음(Tonic)이다. F코드는 4번째 "F음" 위에 음을 쌓아 올린 4도 버금딸림화음(Subdominant)이며, G코드는 5번째 "G음" 위에 음을 쌓아 올린 5도 딸림화음(Dominant)이다. 요컨대, 다장조(C Major)는 다(도, C)가 으뜸(대표)이 된다. 다음 그림 피아노에서 건반을 보며 잠시 기분을 내보자.

---

2 컴퓨터의 코드(code)는 암호라는 뜻을 가지고 있다.

〈좋으신 하나님〉의 코드(chord) 화음을 코딩해보자.

[도표 9-4] 다장조 주요 코드

C코드

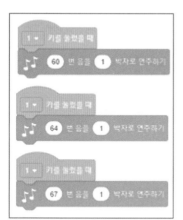

F코드

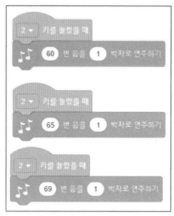

G코드

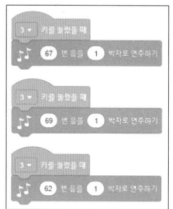

자판의 숫자 1을 누르면 C코드 화음, 2를 누르면 F코드 화음, 3을 누르면 G코드 화음이 아름답게 들린다. 각 코드 화음에는 특징이 담겨있는 것 같다. C는 앞으로 달리고, F는 가끔 화려하게 고조시키고, G는 잠시 마무리 지으려는 듯한 느낌의 소리가 난다. 그리고 G7코드는 G음을 기준으로 1,3,5 음인(솔시레)에 7번째 "파"음을 더해준 코드이므로 "솔시레파"가 된다. 이 G7코드는 긴장감을 주는 듯하다.

② 멜로디와 반주 함께 연주하기

이제는 피아노에서 왼손과 오른손을 이용하여 연주하는 기분을 내 보자. 왼손은 화음 코드, 오른손은 멜로디를 동시에 치는 방식이다. 멜로디 왼쪽에 화음 코딩한 것을 놓았다. 우상단의 깃발을 누르면 동시에 연주가 된다.

🏠 전체 결과 화면

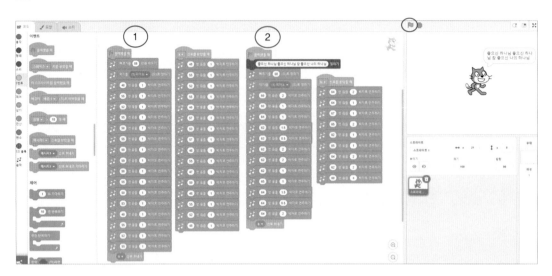

(주1) ①왼손 반주 + ②오른손 멜로디

(주2) 왼손 반주 코딩은 별도의 스프라이트에서 작업해도 좋다.

이 코딩은 컴퓨터 화면이 제한적이라서 두 부분으로 나누었다. 이를 연결하기 위해 [**이벤트**] 창고의 ⬤메시지1 ▾ 신호 보내기 블록에서 메시지1 ▾ 를 누른다. [**새로운 메시지**]를 선택하면 창이 뜨고 그곳에서 k 또는 b를 입력한 후 블록을 변형하면 된다(자세한 내용은 제3장의 71쪽을 참조하기 바란다).

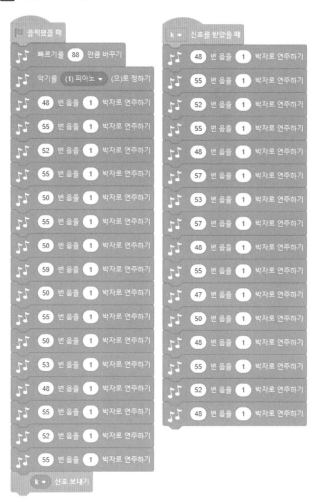

왼손 반주 코딩

그런데 두 프로그램을 하나로 연결하려면 신호 관련 두 블록을 제거하고 서로 붙이면 된다. 이때 **[스크립트 창]**의 우측 하단에 있는 줄이기를 ⊖ 누르면 전체 코딩 블록들이 작아져서 한눈에 들어온다.

1.4 복잡한 음악으로 나아가기

잘 아는 바와 같이 노래는 다장조만 있는 것이 아니다. 샵(sharp; #, 반올림표)이나 플랫(flat; b, 반

내림표) 때문에 점점 복잡해진다. 그러나 기초(다장조)를 잘 이해하면 별로 어려움이 없을 것이다. 모든 지식에서처럼. 플랫이나 샵의 개수가 늘어날 때, 장조 이름이 바뀐다. 플랫이 하나, 둘, 셋이 있는 경우 각각 바장조, 내림나장조, 내림마장조라고 한다. 샵의 경우, 샵이 늘어남에 따라 각각 사장조, 라장조, 가장조라고 한다. 복잡하게 생각하지 말고, 한꺼번에 하면 "바나마 사라가"이므로 "바나나 사러가"자로 외치면 쉬울지도 모르겠다.

예를 들어, 사장조(G Major)는 "사(G, 솔)"음이 으뜸음이 된다. 그러니까 다장조의 "솔"이 사장조에서는 "도"가 되면서 음들이 모두 "5단계" 올라가는 셈이다. 7음계에서 3~4(미~파)음, 7~8(시~도)음 사이에서 반음이 되도록 5번째 줄에 샵(#)을 붙이는 것이다.

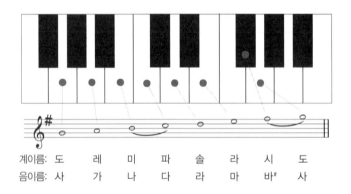

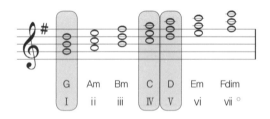

주요 3화음은 G코드(솔시레), C코드(도미솔), D코드(레파#라)가 된다. 이것도 역시 G(솔) 기준의 7음계에서 1-4-5 체계다. 그리고 D7 코드는 D음을 기준으로 1,3,5 음인 레파#라에서 7번째 음인 "도"를 더해준 코드이다.

다음은 플랫이 하나인 바장조에 대해 알아보자. 주요 3화음은 다음과 같다.

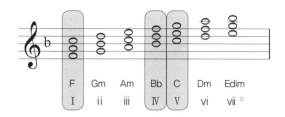

바장조는 파 자리에서 으뜸음(도)이 시작되는 셈이다. 그렇게 해야 미파, 시도에서 반올림이 된다. 각자 확인해보자.

음계는 어떻게 자리 잡아야 하는가? 다시 말해서 노래 첫 음인 "도"는 어디에 위치시켜야 하는가? 미파, 시도 사이에서 어떻게 하면 반음이 일어나는가에 대한 질문이다.

끝으로 응용 편으로서 샵(#)이 네 개 붙은 〈좋으신 하나님〉을 공부해보자.

오선지에서 여러 개의 샵을 붙여 나가는 위치는 "파-도-솔-레-라-미-시"의 순서이다. 이것을 "파도소리"로 외우면 어떨까. 그리고 샵의 경우 으뜸음(도)은 마지막 조표보다 한 음 위에 위치한다.

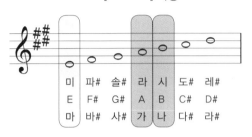

[도표 9-4] 마장조

위 오선지에서 샵이 파-도-솔-레 순서로 자리 잡고 있다. 이 경우 "레"보다 한 음 높은 "미(마)"에서 으뜸음(도)이 시작된다. 따라서 샵이 네 개인 경우는 미, 즉 마(E)장조가 된다. 아무튼 마장조는 "마"가 "도"다. 그리고 1-4-5 화음 체계에 의하여, 주요 3 화음은 E, A, B가 된다.[3]

위 악보는 다장조보다 전체적으로 5도 높아진 셈이다(4가 아니다). 멜로디를 코딩하고 연주한 후에 다장조의 경우와 어떻게 달라지는지 서로 이야기해보자. 코딩은 계명을 고려할 필요 없다. 현재의 오선지를 그대로 숫자로 나타내면 된다. 여기서는 샵(반올림)의 위치만 신경쓰면 된다.

다장조 : 60 60 64/ 62 62 62/ 62 62 65/ 64 64 64/ 64 64 67/ 65 62 64/ 64 62/ 60
마장조 : 64 64 68/ 66 66 66/ 66 66 69/ 68 68 68/ 68 68 71/ 69 66 68/ 68 66/ 64

두 곡을 연달아서 연주해보고 음역대가 다른 맛을 느껴보자.

1.5 작곡하기

작곡은 의미 있고 생산적인 일이다. 영국의 문학가 H. 벨록은 "모든 일 가운데 가장 좋은 것은

---

3 플랫은 반대로 시-미-라-레-솔-도-파 순서로 진행한다. 그리고 "도"의 위치는 마지막 조표 자리에서 4음 낮은 곳에 위치한다. 바장조의 플랫 조표는 "시"에 있으며, 으뜸음의 자리는 4음 낮은 "파(바)"다. 아무튼 바(F)장조의 으뜸음은 바(파, F)다. 또는 마지막에 붙은 플랫의 하나 전 플랫이 자리한 음이 "도"가 된다. 예를 들어, b가 세 개인 경우(내림 마장조)는 바로 전의 내림 나장조인 "미"가 으뜸음이다.

작곡이고 그 다음은 노래를 부르는 것이다" 라고 하였다. 작곡은 피아노나 기타 같은 악기를 연주할 수 있으면 도움이 된다. 그러나 악기를 연주하지 못하더라도 스크래치는 직접 음을 들려주기 때문에 작곡이 가능하다. 다양한 음악에 대한 폭넓은 지식과 경험은 작곡에 도움이 된다. 노래를 만나면 부르는 것으로 만족하지 말고 코드 진행이나 화성음에 대해 신경 쓰도록 한다.

무엇보다도 작사를 잘 하는 것이 작곡의 시작 단계이다. 여기서 "나의 친구"라는 제목으로 시를 지어본다. 비록 여기서는 제시 안 했지만 다장조의 코드 나열을 생각한 후에 음표와 박자를 적어본다. 그리고 친구들 앞에서 발표한다.

나의 친구

내 친구 다니엘을 소개합니다
우리는 성경에서 만났죠
다니엘은 총명하고 신실합니다
다니엘은 나의 친구입니다

내 친구 길동이를 소개합니다
우리는 학교에서 만났죠
길동이는 친절하고 재밌습니다
길동이는 나의 친구입니다

참고 작곡 잘 하기

https://www.youtube.com/watch?v=0Yiz5DfGY3E

① 다양한 곡을 많이 들어라 : 동요, 찬송가, 가곡, 가요 등
② 필사하라 : 10곡 이상

③ 기존 곡을 변형하라 : 왼손 반주와 오른손 멜로디 바꾸기

④ 습작하라 : 형식(동기의 수), 빠르기 정하기

🐱 야옹이 생각

뇌과학자들은 언어와 수학은 왼쪽 뇌가, 음악과 미술 같은 예술은 오른쪽 뇌가 담당한다고 말한다. 비록 예술적 지능이 떨어진다 해도 왼쪽 뇌로 보충하면 예술을 즐길 수 있다. 음을 숫자로 알고 이론을 이해하면 작곡이 가능하다. 전문 음악가들은 멜로디를 그저 통일된 윤곽으로 듣기보다는 세밀하게 분석하고 인식한다고 한다. 이런 분석 능력은 왼쪽 뇌의 특징이다. 음악을 수학적으로 인식할 수 있다면 훌륭한 음악을 만들어낼 수 있을 것이다. "광학이 빛의 기하학이듯 음악은 소리의 계산이다"(드뷔시)라는 말을 잘 기억하기 바란다.

제2절 미술

2.1 빛의 삼원색

우리가 가지고 있는 물감이나 크레용 색의 삼원색은 빨강(Red), 노랑(Yellow), 파랑(Blue)이다. 이 색들을 혼합하여 여러 가지 색을 만들 수 있다. 그러나 반대로, 다른 색을 혼합해도 이 삼원색을 만들 수는 없다. 이 삼원색을 일차색 또는 기본색이라고도 한다. 삼원색을 동일한 비율로 섞으면 검정색이 나온다.

그런데 눈에 보이지 않는 빛의 삼원색은 이와 다르다. 빛이 프리즘을 투과하면 무지개색이 나오며, 빛의 삼원색은 빨강(Red), 초록(Green), 파랑(Blue), RGB라고 부른다. 이 삼원색을 여러 비율로 섞으면 다양한 색상을 얻을 수 있다. 컴퓨터에 나타나는 색은 빛에서 나오는 것이므로, 빛의 삼원색을 이해하는 것이 중요하다.

다음은 빛의 삼원색을 나타낸다.

[도표 9-5] 빛의 삼원색

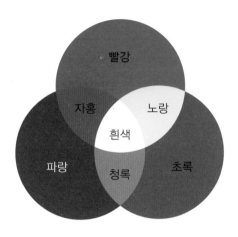

빨강과 초록에서 노랑(Yellow), 초록과 파랑에서 자홍(Magenta), 빨강과 파랑에서 청록(Cyan), 그리고 삼원색을 모두 섞으면 흰색(White : 화이트)이 나온다.

색은 다양한 기준으로 분류한다. 마치 음악에 멜로디, 박자, 하모니의 세 가지 기준이 있듯이 색에는 세 가지 속성인 색상, 명도, 채도가 있다(참조 : 네이버 지식백과).

① 색상(色相, hue) : 앞에서 이미 설명한 빨강, 파랑, 초록이라는 이름 등으로 서로 구별되는 특성이다. 색조와 거의 같은 뜻으로 쓰이는데, 색상의 변화를 계통적으로 고리 모양으로 배열한 것이 색상환(色相環)이다.

② 채도(彩度, saturation) : 색의 선명도를 말한다. 색의 순수함(purity) 또는 포화도라고도 한다. 동일한 빨강이라도 샛빨강이 있고 검붉은색이 있듯이 맑거나 탁한 색감의 차이가 있다. 삼원색은 채도가 높으며, 이것에 다른 색이 섞이면 채도가 낮아진다. 빛의 경우 특정한 파장만이 선택되면 채도가 높고, 다른 파장이 섞이면 채도가 낮아진다.

③ 명도(明度, brightness) : 색의 밝기 정도를 뜻한다. 검정 회색 흰색은 동일한 계열의 무채색이며, 검정이 가장 어둡고 회색은 중간 어둡고, 흰색은 가장 밝다. 명도의 차이는 빛의 반사율에 따라 결정되는 것이며, 흰색은 반사율이 가장 높아 눈이 부시다. 검정색은 반사율이 낮아서 눈이 부시지 않다. 그리고 명도는 주변의 색에 따라 더 강하게 느낀다. 예컨대 검정색 배경에 흰색 글씨는 더 또렷이 보인다. 다른 유채색도 마찬가지이다.

2.2 색의 특성과 조합

빛의 삼원색은 기본적으로 RGB(Red Green Blue)이며, 이것들을 적절히 조합하면 다음과 같이 다양한 색상을 얻는다. 색상은 크게 따뜻한 색과 차가운 색으로 나누어 볼 수 있다. 파워 포인트 프로그램에 들어가면 이 색상을 볼 수 있으며, 필요한 대로 자유롭게 색을 선택할 수 있다. 색상은 각기 다른 느낌을 준다. 이와 같이 색은 색상, 채도, 명도에 따라 분위기를 연출하므로 그 느낌을 잘 기억할 필요가 있다.

[도표 9-6] 색의 느낌

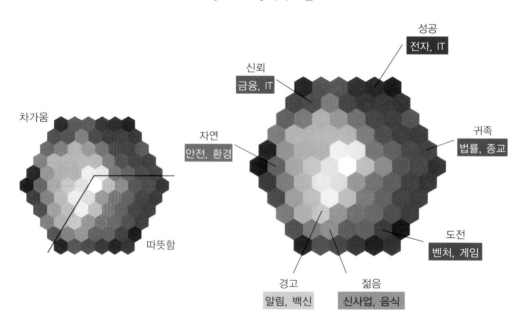

색은 단독으로 특성을 보여주지만 배합에 따라 다른 느낌을 주기도 하다. 아래 그림의 10 색상환 (色相環)은 빛을 10개로 분할하여 보여준다. 색의 배합에는 유사대비와 보색대비가 있다. 유사대 비는 색상환에서 서로 인근에 있는 비슷한 색으로 분위기를 만든다. 보색대비는 색상환의 반대 편에 있는 색과 뚜렷하게 대조를 보이는 방법이다. 예컨대, 빨강의 보색은 청록이다. 보색관계의 두 색을 섞으면 회색 또는 검정색이 된다.

[도표 9–7] 색상환

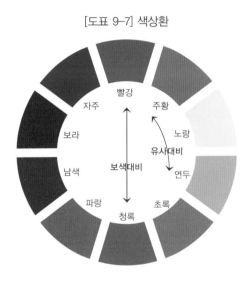

이 대비 개념을 이용하여 다음을 살펴보자. 여기서는 옷을 선택하는 경우에 특별한 인상을 주는 색깔의 조합을 제시하였다.

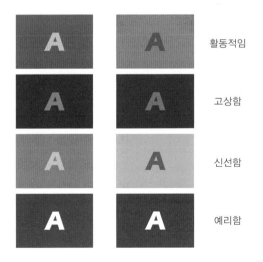

활동적임

고상함

신선함

예리함

2.3 스크래치의 삼원색

스크래치는 빛의 삼원색을 색상, 채도, 명도 등으로 나누어서 [펜] 선반에서 정교하게 나타내고 있다. [펜]창고는 [스크립트 창] 좌측 하단의 [확장 기능 추가하기] ⇄ 에서 접근할 수 있다. 여기서는 색깔을 "색"과 "숫자"로 나타내고 있다. 다음 두 블록을 비교해보자.

좌측의 블록은 색깔을 색상, 채도, 명도를 숫자로 나타내고 0~100으로 숫자화하고 있다. 현재 색을 "72"로 표현하면 동일한 색상을 종합적으로 표현한다.

2.4 배경 그림 그리기

스크래치에서는 여러 방식으로 그림을 그릴 수 있다.

(1) 기존 배경 이용하기

1단계 앞의 제6장 다윗과 골리앗에서 설명한 바와 같이, 초기화면 우하단의 무대 [배경] 저장소 ⇨ [배경 고르기] ⇨ [Malibu Beach]을 선택한다. 그러면 좌상단의 [모양] 저장소가 [배경]으로 바뀌고, 이것을 누르면 두 배경이 나온다. [Malibu Beach] 배경에서 캔버스가 나온다. 캔버스를

[비트맵] 모드로 한다. 즉  백터로 바꾸기 상태이다.

2단계 이 이미지를 참조하여 [배경 1]에서 스케치한다. 붓의 굵기는 2로 하였다.

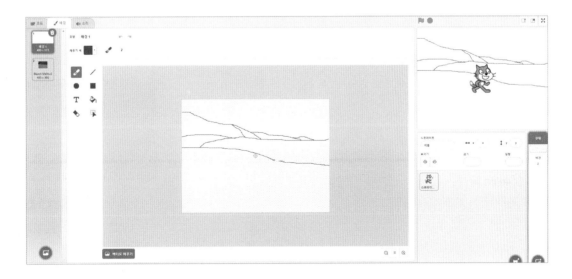

3단계 모래 사장을 칠한다. 동일한 색깔을 얻기 위해 [채우기 색] 하단의 스포이트를 원래 그림에 놓고 클릭하면 된다. 붓을 원하는 자리에 놓고 클릭한다.

4단계 하늘을 칠해보자. 하늘은 점층(漸層, gradation)으로 하기 위해 [채우기 색]에서 아래와 같이 선택한다.

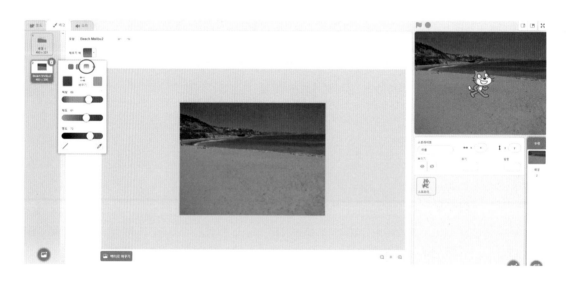

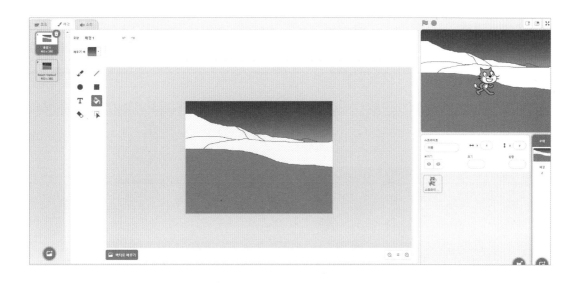

5단계 나머지 칠도 완성하고 [**벡터**] 모드로 전환한다.

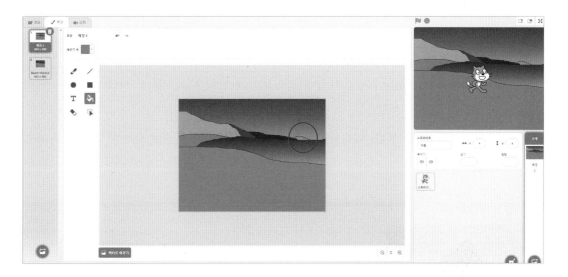

부족하지만 하나의 작품이 되었다. 다만 화면 우측 중간에 아쉬움이 남는다. 그 이유는 경계선이 열려 있기 때문이다. 조심해야 한다. 아마도 붓의 굵기를 3 정도로 하면 더 나을 것이다. 그리고 야옹이를 안 보이게 하고 싶다면 [**야옹이 스프라이트**] ➪ [**무대 창**] 하단의 [**보이기**]에서 우측 단추를 누르면 된다.

6단계 최종 결과를 저장하고 싶으면 [**무대 창**]에서 마우스 우클릭하고 진행하면 된다.

(2) 기존 그림 채색하기

다음은 pixabay의 모세(Moses) 애벌 스케치를 가져와서 일부 채색하였다. 경계선이 뚜렷해야 좋은 작품을 만들 수 있다.

(3) 명화 모사하기

이번에는 유명 화가의 명화를 감상하고 무엇인가 멋진 작품을 구상해보자. 다음은 마티스 작품이다. 마티스(1869~1954, 프랑스)는 빨강, 파랑, 초록과 같은 원색의 대담한 병렬을 강조하여 강렬한 개성적 표현을 시도하였다. 보색관계를 살린 청결한 색상 효과 속에 색의 순도를 높여 확고하게 자신의 예술 세계를 구축하였다. 또한 아래와 같이 종이 오리기를 이용해 많은 작품을 남겼다(자료 : 네이버 지식백과).

위 그림을 묘사하여 다음과 같이 만들어보았다.

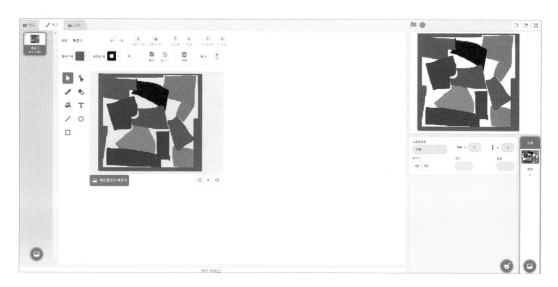

다음으로 미로의 작품을 감상해보자. 미로(1893~1983, 스페인)는 시(詩)처럼 기호와 상징으로 이루어진 그림을 주로 그렸는데, 어린아이의 천진난만함과 유머가 느껴지는 것이 특징이다. 추상 미술과 초현실주의를 대표하는 화가로 손꼽힌다(자료 : 네이버 지식백과).

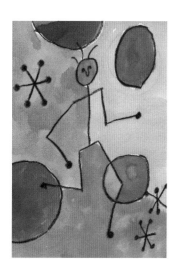

위 그림을 묘사하여 다음과 같이 만들어보았다.

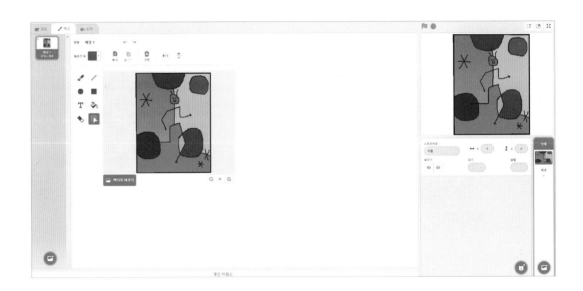

야옹이 생각

전시회나 공연장을 자주 가본다면 예술적 감각을 높일 수 있을 것이다. 이러한 예술적 감각은 코딩의 창의성 향상에 많은 도움을 준다. 이 감각을 높이기 위해 함께 공연장에 가본 후에 그 느낌과 경험을 나누어보자.

제10장 **수학적 사고**

학습목표

수학	① 좌표에서 개체의 위치 알아내기 ② 도형의 내각과 외각 계산하기 ③ 평균과 평균편차 계산하기 ④ 인덱스 배우기

오른쪽을 생각하고, 왼쪽을 생각하고, 아래도 위도 생각하라. 의지만 있다면 얼마나 많은 생각을 발견할 수 있는지 알게 될 것이다. ― 닥터 수스

모든 학문은 수학이 필요하다. ― 베이킨

제1절 좌표(x, y)의 개념

좌표는 수평(x축)과 수직(y축)으로 이루어진 십자 모양의 구조다. 각 축에는 일정한 간격의 눈금이 있고 한 점의 위치는 좌표(x, y)로 표기한다. x 위치를 항상 먼저 쓴다. 두 축이 만나는 원점은 좌표(0, 0)이며, x축은 좌표(a, 0)이고, y축은 좌표(0, b)이다. 한 점을 중심으로 수평선 오른쪽(동쪽)로 움직이면 +, 왼쪽(서쪽) 움직이면 − 이고, 수직선 위쪽(북쪽)으로 움직이면 +, 아래쪽(남쪽)으로 움직이면 −이다.

스크래치는 [무대 창]에서 좌표 눈금을 제공한다. 이를 얻으려면 먼저 초기화면 우측 하단의 [무대]에서 [배경 고르기]를 선택한다. 그러면 여기서 좌표 그림을 얻을 수 있다.

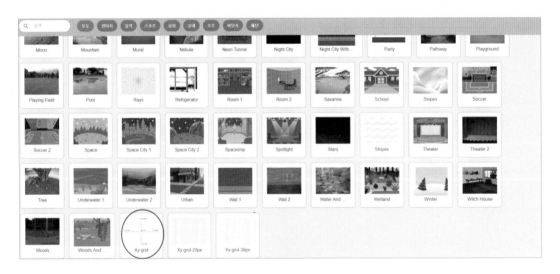

이 화면에서 [Xy-grid]를 선택하면 [무대 창]이 좌표 구조로 바뀐다.

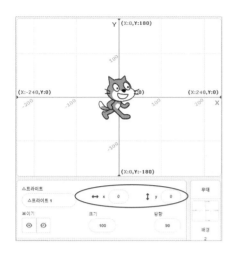

여기서 야옹이 그림이 너무 크다고 생각하면, **[무대 창]** 하단의 _{크기} 100 _{방향} 90 에서 적절한 값을 입력한다.[1] 스크래치 무대의 x 좌표는 +240 ~ −240이며, y 좌표는 +180 ~ −180 사이에 있다.

좌표 구조는 네 개의 분할 면이 있으며, 각각 1 상한(+, +), 2 상한(−, +), 3 상한(−, −), 4 상한(+, −)이라고 부르고 야옹이의 현재 위치는 위 화면 붉은 타원으로 표시된 곳이다.

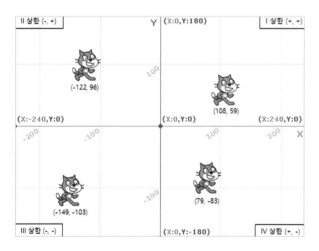

여기서 유의할 단어는 야옹이의 "현재" 위치다. 항상 현재(지금 여기, now and here)에서 그 다음

---

1 참고로, [스크립트 창] ⇨ [코드] 저장소 ⇨ [형태] 창고 **크기를 50 % 로 정하기** 를 선택해도 된다.

을 진행하는 것이 만물의 이동 법칙이므로 기준이 된다. 현재 좌표(x, y)에서 우측이면 증가, 좌측이면 감소 그리고 위면 증가, 아래면 감소한다. 다음은 [코드] 저장소의 [동작] 창고의 블록을 그림으로 나타낸다.

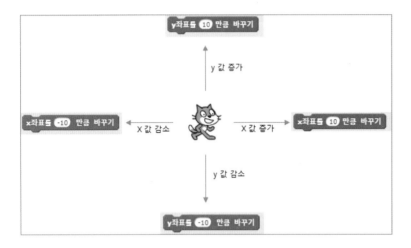

야옹이 스프라이트가 특정 위치 좌표(−122, 96)으로 이동하고 싶다면, 이 숫자를 x: -122 y: 96 로 이동하기 에 입력하고 이 블록을 클릭하면 된다.

제2절 도형 그리기

도형을 그리려면 펜을 준비해야 한다. 화면 좌하단의 [기능 추가하기]를 누르면 여러 기능이 나오고 여기서 [펜]을 선택한다.

그러면 정삼각형을 그려보자.[2]

---

2 반복문을 이용하여 제1장의 정사각형을 그려보자. 반복문은 코딩의 효율성을 높여준다.

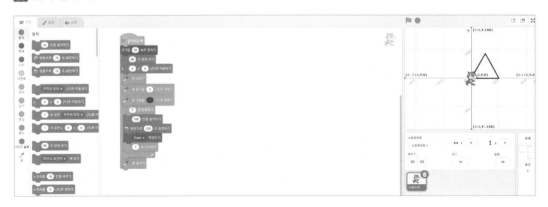

① 🏳 클릭했을 때

② 크기를 50 %로 정하기

③ 90 도 방향 보기

④ x: 0 y: 0 (으)로 이동하기

⑤ 펜 내리기

⑥ 펜 굵기를 3 (으)로 정하기

⑦ 펜 색깔을 ● (으)로 정하기

⑧ 3 번 반복하기

⑨ 100 만큼 움직이기

⑩ 방향으로 120 도 회전하기

⑪ Drum ▾ 재생하기

⑫ 1 초 기다리기

⑬ 펜 올리기

블록 설명 [창고] 이름

① 클릭하면 프로그램이 실행된다 [이벤트]

② 야옹이 크기를 50% 줄인다 [형태]

③ 야옹이가 정면(90도)을 바라본다 [동작]

④ 야옹이가 좌표(0, 0)에서 대기한다 [동작]

⑤ 펜 그리기를 준비한다 [펜]

⑥ 펜 굵기를 3으로 정한다 [펜]

⑦ 선의 색깔을 붉은색으로 한다 [펜]

⑧ ㄷ 자형 안의 코드를 4번 반복한다 [제어]

⑨ 100만큼 이동한다 [동작]

⑩ 시계 방향 반대로 120도 돈다. [동작]

⑪ Drum(드럼) 소리를 낸다 [소리]

⑫ 1초 기다린다 [제어]
　　(⑨⑩⑪⑫를 2회 더 반복하고 빠져나온다)

⑬ 펜 그리기를 끝낸다 [펜]

(주) 작업 도중 [무대] 창의 그림을 지우고 싶으면 [펜] 창고의 🖊 모두 지우기 를 누르면 된다.

위의 ⑦번 블록에서 색 선택하는 방법은 우선 색에 마우스 포인터를 놓으면 [손 ]모양이 생기고, 이것을 클릭한 후에 아래 화면에서처럼 색상, 채도, 명도 등을 숫자로 선택한다.

다음으로 ⑪번 블록을 살펴보자. 위 전체 코딩 화면 좌상단 [소리] 통제소를 누르고 좌하단의 🔊 [소리 고르기]를 누르면 다음과 같이 수많은 소리가 저장되어 있음을 알게 된다.

여기서 [Drum]을 선택하면 [소리] 창고에 [Drum]이 생성된다. 이 창고로 되돌아가기 위해서 다시 [코드] 통제소 ➪ [소리] 창고의 ⟨ meow ▾ 재생하기 ⟩ 블록에서 [meow]를 [Drum]으로 바꾸면 된다.

다각형 도형에서는 내각과 외각의 개념을 이해해야 한다. 특히 외각은 야옹이가 회전하는 각도가 되므로 중요하다. 내각은 한 변과 다른 한 변이 만나는 안쪽 각도이며, 외각은 한 변의 연장선과 다른 한 변이 만나는 각도이다. 따라서 내각과 외각의 합은 180도이다. 사각형의 경우 내각이 90도이므로, 외각은 180−90 =90(도)가 되는 셈이다. 다음 그림에서 보는 바와 같이, 정삼각형의 경우 내각이 60도이므로 외각은 120도가 된다.[3]

[도표 10-1] 정삼각형의 내각과 외각

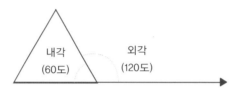

일반적으로 정n각형은 (n−2)개의 삼각형으로 이루어져 있다. 따라서 내각의 합은 (n−2)×180이다. 그리고 한 내각의 합은 이것을 n으로 나누면 된다. 예를 들어, 정오각형은 3개의 삼각형으로 이루어져 있으므로 전체가 3×180=540도이다. 이것을 5로 나누면 내각은 108도가 된다. 그리고 외각은 180−108 = 72(도)가 된다. 외각을 구하는 일반 공식은 다음과 같다.

$$외각 = 180 - 내각 = 180 - \frac{(n-2)\times180}{n} = \frac{360}{n}$$

간단히 말해서, 야옹이가 돌아야 하는 각도는 전체 360 중에서 몇 번을 도는가에 달려 있다. 삼각형은 세 번, 사각형은 네 번, 오각형은 다섯 번이므로 각각 360÷3=120, 360÷4=90, 360÷5=72 등이 된다.

---

3 삼각형 내각의 합이 180도임을 증명하자. 네이버나 다음에서 "삼각형 내각의 합"을 검색하면 파스칼(프랑스 수학자)이 설명해준다.

[도표 10-2] 정4각형과 정5각형 코딩 일부

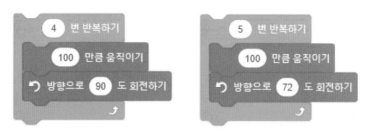

(주) 원을 그린다면 "1만큼 움직이기"와 "1도 회전하기"를 "360번 반복하면" 된다.

이제 별을 그려보자. 별은 어느 도형의 개념을 이용하면 될까? 다섯 번 획을 긋기 때문에 오각형을 염두에 두고 외각을 계산하면 될 것이다.

[도표 10-3] 별의 외각

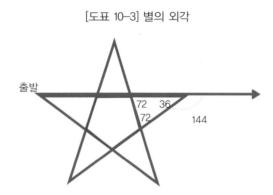

위에서 보는 바와 같이 외각은 144도가 된다. 따라서 코딩을 다음과 같이 한다.

다음에서는 정4각형 도형의 개념을 확장하였다. 두 개의 반복하기 블록  을 이용한 코딩이다.

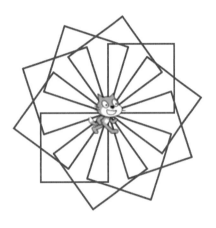

제3절 코딩스쿨 참석인원 분석하기

교회학교에서 시행하는 코딩스쿨(매달 첫 주일 1회)에 최근 6개월 동안 참석한 사람들의 수를 다음과 같이 정리하였다. 월 평균 참석자 인원을 계산하고 매월 편차가 얼마나 되는지 계산해

본다.[4]

월	참석인원 (명)
1	22
2	35
3	38
4	25
5	48
6	42

① 평균 계산하기

평균(平均, average, mean) 계산은 비교적 쉽다. 관찰치를 모두 합한 후에 표본 수로 나누면 된다.

$$\text{평균 } \overline{X} = \frac{1}{6}(22 + 35 + 38 + 25 + 48 + 42) = \frac{1}{6}(210) = 35$$

이 코딩 프로그램에 매월 평균 35명 정도 참석했다고 말할 수 있다. 평균은 6개월 전체 자료 상황을 한 단어로 요약해주는 유용한 개념이다.

다음에서는 평균을 구하기 위한 코딩 과정을 보여준다. 여기서 중요한 개념은 인덱스(index)이다.

인덱스는 나열된 목록(list)의 찾아보기를 위해 사용되는 위치 번호에 해당하며 우리말로는 색인(索引)이다. 월 변화에 따라 숫자가 하나씩 증가하고 있는데, 이 경우에 변수를 1월, 2월… 같이 6개를 만든다면 매우 비효율적이 된다. 번호가 수만, 수십만 같은 경우에는 매우 복잡할 것이다. 이 문제를 해결해주는 것이 인덱스이며, [제어] 창고 "반복하기" 블록과 함께 사용한다.

---

4 그림표에 의한 분석은 전체 자료 내용을 파악하는 데 유용하다. 이것은 Python편에서 여러 방식으로 설명한다.

합계와 월평균 코딩 결과 화면

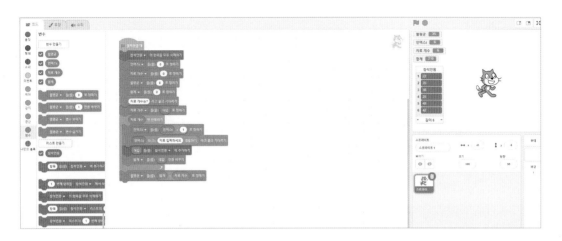

1단계 먼저 [변수] 창고의 [변수 만들기]와 [리스트 만들기]를 해보자.

2단계 코딩 작업을 한다.

위 프로그램에서는 "인덱스 i"로 표기하고 있다. 프로그램 일부에서 "반복하기" 블록을 검토해보자. 인덱스 i의 초기 값은 0이며, 이 값은 자료 개수만큼 6번 반복하면서 +1씩 증가한다. 월 번호가 1월부터 6월까지 증가한다는 뜻이다. 다시 말해서, "인덱스 i = 인덱스 i + 1"이 된다. 이것을 자연언어로 표현하면 "현재 인덱스 i는 이전 인덱스 i 값에 1을 합한 것이다" 라고 할 수 있다.

결과는 [무대 창]에 나와 있다.

전체 참석자 합계는 210명이고 월평균 35명이 참석하였다.

② 편차 계산하기

다음으로 월별 편차(deviation)를 구해보자. 월 편차는 월 참석자 수에서 평균을 뺀 값이다. 참석자가 평균보다 많으면 양수(+)값, 적으면 음수(−)값이 된다. 편차는 +편차와 −편차가 있는 것이다. 아래 결과 전체 화면에서 [편차] 변수와 [월별 편차] 리스트를 새로 추가하고 타원으로 표시하였다.

[변수] 창고의 [리스트 만들기]에서 [월별 편차]를 새로 만들었다.

전체 화면의 타원 부분 코딩은 다음과 같다.

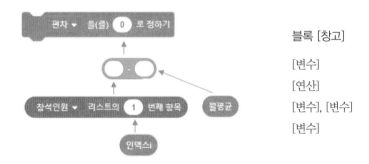

다음은 위 화면의 타원 블록을 해체한 것이다.

블록 [창고]

[변수]
[연산]
[변수], [변수]
[변수]

그리고 결과 화면의 [무대 창]을 확대해서 보여주고 있다.

인덱스i	6
자료 개수	6
합계	210
월평균	35
편차	7
절대편차 합계	46
평균편차	7.666667

참석인원		월별 편차		절대 편차	
1	22	1	-13	1	13
2	35	2	0	2	0
3	38	3	3	3	3
4	25	4	-10	4	10
5	48	5	13	5	13
6	42	6	7	6	7
+	길이 6 =	+	길이 6 =	+	길이 6 =

편차에는 몇 가지 흥미로운 사실이 있다. 먼저 모든 월별 편차를 합하면 0이 된다. 그렇지 않으면 편차가 정확하게 계산된 것이 아니다. 다음으로 편차의 절댓값을 모두 더한(46명) 후에 관찰 개수(6)로 나누면 평균편차(약 7.7명)가 된다. 따라서 평균(35명)을 기준으로 매월 7.7명 정도의 증감 변화가 있다는 사실이다. 편차는 자료의 변동을 나타내주는 개념이다.

주변에서 자료를 수집하여 분석해보자. 평균과 편차는 자료 분석의 기초 개념이며 차후 파이썬에서는 쉽게 다룰 수 있다.

참고 반올림 계산하기

스크래치에서 만일 평균에서 반올림해야 한다면 어떻게 하면 좋을까 생각해본다. **[연산]** 창고의 블록 을 주목하자. **[반올림]** 블록은 항상 정수 값만 취하므로 22가 되었다. 만일 이 숫자를 소수 셋째자리에서 반올림하여 둘째자리까지를 얻으려면 어떻게 코딩하면 좋을까? 다음 코딩을 참고하기 바란다.

[변수] 창고에서 만든 변수 x를 다음처럼 코딩한다.

블록 설명 [참고]

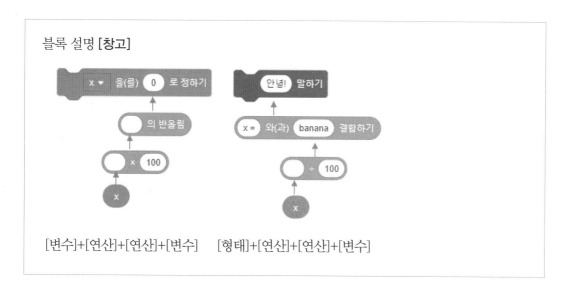

[변수]+[연산]+[연산]+[변수]   [형태]+[연산]+[연산]+[변수]

 야옹이 생각

수학에서 비율 개념도 중요하다. 비율은 기준을 무엇으로 하는가에 따라 달라진다. 기준이 되는 조건을 잘 검토할 필요가 있다. 예를 들어, 작년 키가 140cm였는데 올해 145cm이면 몇 % 더 컸다고 할 수 있는가? 작년 키가 기준이 된다. 따라서 (140−145)/140×100 = 3.4(%) 커졌다고 계산한다. 다른 문제를 생각해보자. 두 동업자 갑과 을이 6:4로 이윤을 나누기로 한다면, 갑은 얼마나 갖게 되는 것인가? 전체 기준으로 보면, 6/(6+4) = 0.6 = 60(%)가 된다. 그러나 상대방 을의 기준에서 보면 6/4 = 1.5(배) = 150(%) 가 된다. 이와 같이 기준 설정은 중요하다. 앞의 참석인원 자료를 전월 기준 비율의 증감으로 표현해보는 것도 재미있을 것이다.

제11장 율동하기와 망고 슬러시 만들기

학습목표

율동	① 여러 스프라이트로 집단 구성하기 ② 무대 조명 바꾸기 ③ 역동성을 고려하기
망고 슬러시	① 코드, 모양, 소리, 배경 등을 종합적으로 사고하기 ② 요리 개발 가능성 높이기

절대 포기하지 말라. 당신이 되고 싶은 무언가가 있다면, 그에 대해 자부심을 가져라. 당신 자신에게 기회를 주어라. 스스로가 형편없다고 생각하지 말라. 그래봐야 아무것도 얻을 것이 없다. 목표를 높이 세워라. 인생은 그렇게 살아야 한다. ― 마이크 맥라렌

그대 자신의 영혼을 탐구하라. 다른 누구에게도 의지하지 말고 오직 그대 혼자의 힘으로 하라. 그대의 여정에 다른 이들이 끼어들지 못하게 하라. 이 길은 그대만의 길이요, 그대 혼자 가야 할 길임을 명심하라. 비록 다른 이들과 함께 걸을 수는 있으나 다른 그 어느 누구도 그대가 선택한 길을 대신 가줄 수 없음을 알라. ― 인디언 속담

제1절 율동하기
제2절 망고 슬러시 만들기
제3절 과제

제1절 율동하기

세 사람(스프라이트)을 무대에 올려 율동하기에 초대한다.

🏠 전체 결과 화면

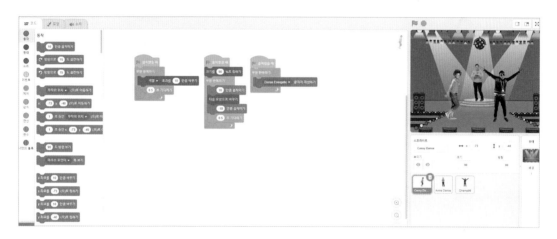

1단계 화면 우하단 무대 [배경]의 🖼 [배경 고르기]에서 [Spotlight]를 선택한다.

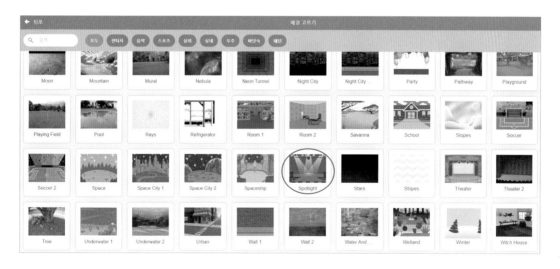

2단계 화면 우하단 [스프라이트 창]의 [스프라이트 저장소] 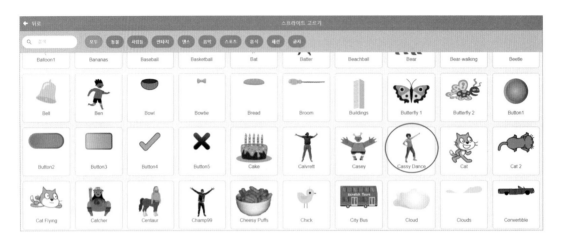 에서 첫 스프라이트로 [Cassy Dance]를 선택하고 [뒤로] 간다.

3단계 화면 좌상단의 [모양] 통제소를 누르면 -a, -b, -c, -d 등 네 모습이 보인다.

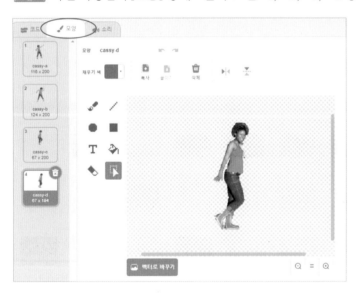

4단계 화면 좌상단의 [소리] 통제소의 [소리 고르기]에서 [Dance Energetic]을 선택한다.

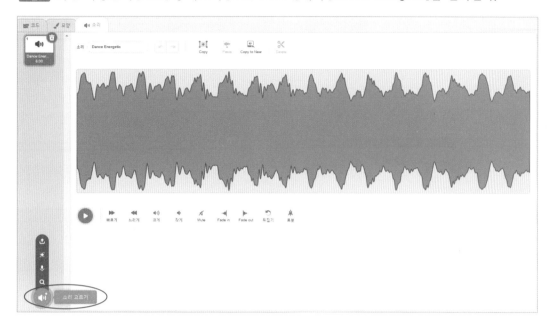

5단계 화면 좌상단 [코드] 통제소에서 코딩 작업을 한다.

6단계 두 번째 스프라이트(Anina Dance) 코딩 작업을 한다. [모양]에서 적절하게 4개 장면을 선택한다. 그리고 코딩 시에는 동일한 내용이 되므로 첫 스프라이트의 코딩을 [개인 저장소]에 저장했다가 활용한다(다음 단계의 화면 참고). 댄서의 크기를 다시 조정한다.

7단계 세 번째 스프라이트(Champ99)에서도 위와 동일하게 작업한다.

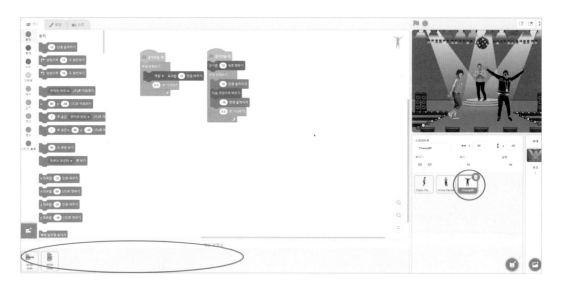

8단계 툴바의 깃발 🏳을 클릭하여 세 사람의 춤을 동시에 즐긴다. 정지시키려면 깃발 옆의 🔴을 누른다.

제2절 망고 슬러시 만들기

망고 슬러시는 망고로 만든 버블티(bubble tea)의 한 종류로서 시원하게 마실 수 있는 음료수이다. 여기 "망고 슬러시 만들기"는 스크래치의 "Let's Make Bubble Tea!" 중에서 Mango Slush 부분만 발췌하여 코드, 모양, 소리, 배경 등을 그림으로 나열하면서 설명하였다. 먼저 원작가의 작품에 들어가서 바블티를 만들어서 즐겨보기 바란다.

1단계 스크래치 초기화면에서 Let's Make Bubble Tea!를 검색 엔터하면 다음과 같이 여러 개가 나온다. 여기서 오리지날을 선택한다.

3단계 여기서 [Start] 단추 혹은 **⟲ 스크립트 보기** 를 눌러서 진행하면 된다.

이제 "망고 슬러시 만들기" 코딩을 살펴보자.[1]

1단계 스타트하기

1단계 스타트하기

여기서는 (1) **[무대-배경]**, (2) **[망고-로고]** 스프라이트, (3) **[Start]** 스프라이트 등 모두 3개 작업장이 필요하다.

(1) [무대-배경]

전체 작업에 필요한 무대 배경을 미리 계획하고 만드는 것이 원칙이다. 여기서는 원작가의 배경을 **[개인 저장소]**에 저장한 후 사용한다. 화면 우측 하단에 **[무대-배경]**을 누르면 좌상단의 통제소에서 **[모양]**이 **[배경]**으로 바뀐다. 저장된 배경을 가져와서 글자를 입력한다. 이때 캔버스를 **[벡터]** 모드로 유지해야 한다. 화면에서 <kbd>🖼 비트맵으로 바꾸기</kbd>로 되어 있어야 한다(제9장 예술적 사고의 제2절 미술 참조).

---

① [배경] 통제소에서

여러 배경 중에서 첫 번째 것만 보인다. 배경은 기회가 오는 대로 설명한다.

(주) 카카오톡 로고는 다음 쪽의 [망고-로고] 스프라이트 참조

② [코드] 통제소에서

(주) "Mango Progress" 변수는 [변수] 창고에서 만든다. 그리고 "Emotional Piano"는 [소리 고르기]에서 가져온다(아래 (2)의 ③참조).

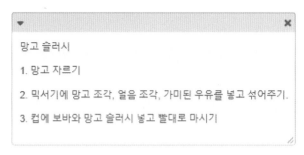

(주) 메모지는 마우스 우클릭 [주석넣기]를 선택하면 된다.

(2) [망고-로고] 스프라이트

[망고-로고] 스프라이트를 만들기 위해 pinterest.co.kr의 [카카오톡 배경화면 고화질]에 들어가서 아래 붉은 타원의 대상을 다운받는다.

다음으로 pixlr.com/kr/e에서 개체 분리 작업하고 저장한 파일을 스크래치에서 [망고_로고1001] 스프라이트로 업로드한다(제6장 다윗과 골리앗 참조).

① [모양] 통제소에서

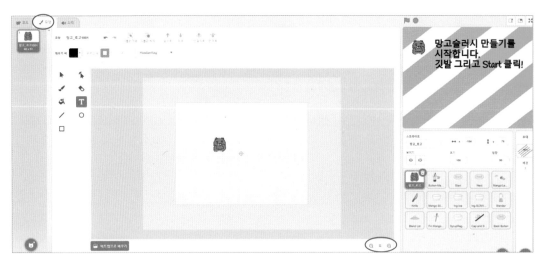

(주) 캔버스 우하단의 등호 부호(=)를 누르면 화면 크기가 조정된다.

② [코드] 통제소에서

③ [소리] 통제소에서

좌하단의 [소리 고르기]에서 "Emotional Piano"를 선택한다.

(3) [Start] 스프라이트

① [모양] 통제소에서

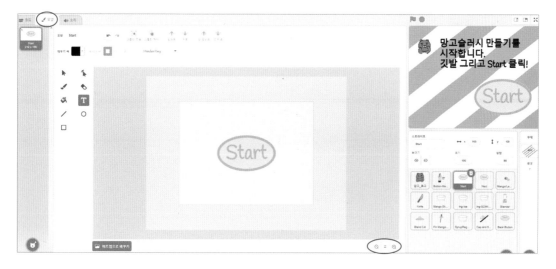

② [코드] 통제소에서

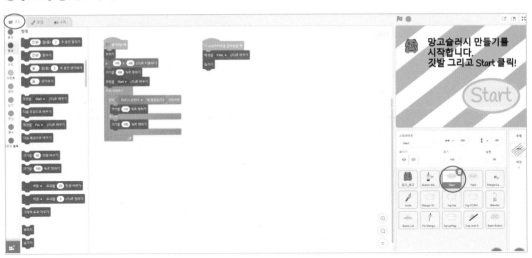

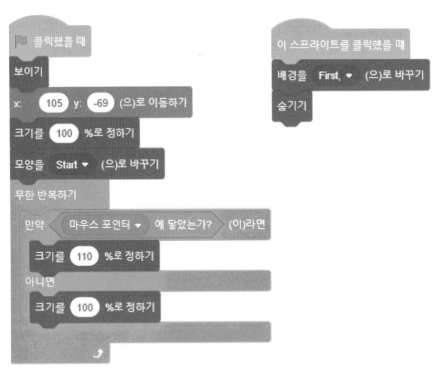

③ [코드] 통제소에서 위 화면의 [무대 창]의 [Start] 단추 누르기 실행

[1단계] 스타트하기 [2단계] 넥스트로 가기 [3단계] 망고 슬러시로 가기 [4단계] 재료 준비하기 [5단계] 믹서기에서 만들기 [6단계] 완성재료를 컵에 넣기 [7단계] 마시기

[Next] 스프라이트 상태에서 진행한다.

① [모양] 통제소에서

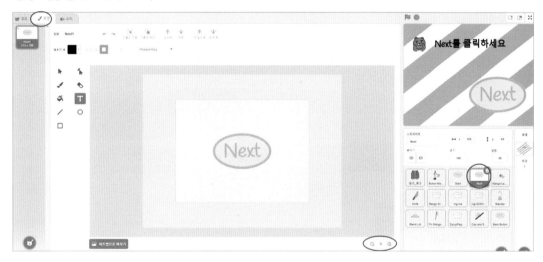

② [코드] 통제소에서

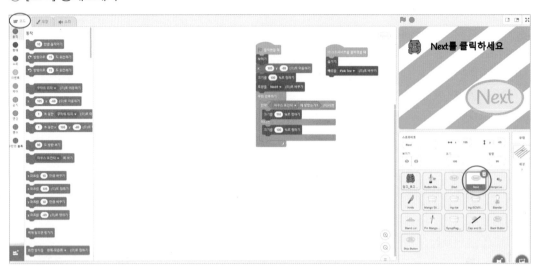

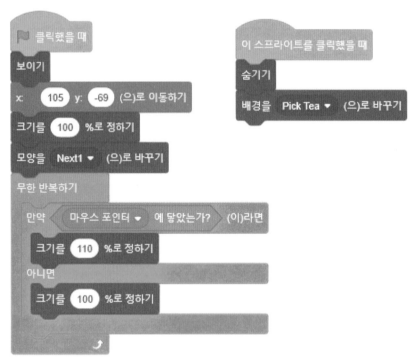

③ 앞의 무대에 있는 [Next] 단추를 누르면 다음 화면이 나온다.

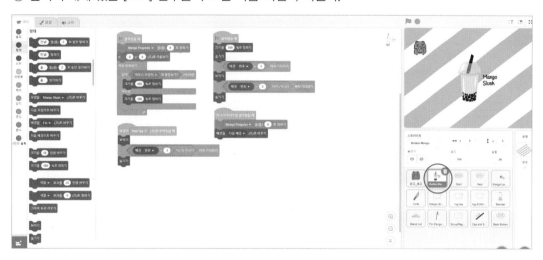

3단계 망고 슬러시로 가기

[Mango Slush] 스프라이트에서 진행한다.

① [모양]에서(전체 화면 생략)

② [코드]에서(전체 화면 생략)

③ [배경]에서(전체 화면 생략)

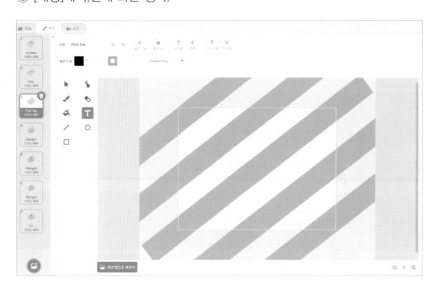

위 화면의 [Mango Slush] 컵을 클릭하면 재료가 준비된다. 여기서 망고를 칼판 위에 올려놓고 칼을 망고 위에 놓으면 썰어진다.

① [Mango] 스프라이트 상태의 [모양]과 [코드] 통제소에서

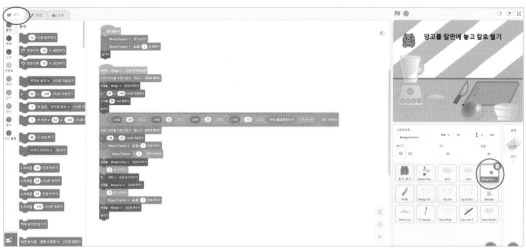

```
[깃발] 클릭했을 때
    Mango Progress ▼ 변수 숨기기
    Mango Progress ▼ 을(를) 0 로 정하기
숨기기
```

```
배경이 Mango1 ▼ (으)로 바뀌었을 때
드래그 모드를 드래그 할 수 있는 ▼ 상태로 정하기
모양을 Mango ▼ (으)로 바꾸기
x: 54 y: -140 (으)로 이동하기
크기를 60 %로 정하기
보이기
    x좌표 < 195 그리고 x좌표 > 45 그리고 y좌표 < -20 그리고 y좌표 > -110 그리고 마우스를 클릭했는가? 이(가) 아니다 까지 기다리기
드래그 모드를 드래그 할 수 없는 ▼ 상태로 정하기
x: 129 y: -67 (으)로 이동하기
    Mango Progress ▼ 을(를) 1 만큼 바꾸기
    Mango Progress = 2 까지 기다리기
모양을 MangoCutting ▼ (으)로 바꾸기
    5 초 기다리기
맨 뒤쪽 ▼ 으로 순서 바꾸기
모양을 MangoCut ▼ (으)로 바꾸기
    5 초 기다리기
    Mango Progress ▼ 을(를) 1 만큼 바꾸기
배경을 Mango2 ▼ (으)로 바꾸기
숨기기
```

② [Knife] 스프라이트 상태의 [모양]과 [코드] 통제소에서

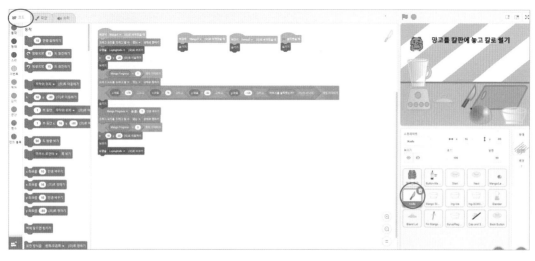

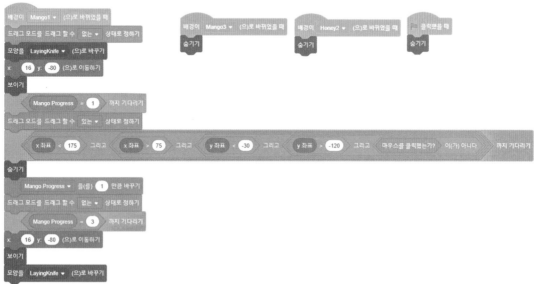

위 화면에서 믹서기(blender)에 망고조각, 얼음, 우유를 마우스 좌로 잡아 순서대로 넣고 뚜껑을
덮는다.

① [Mango Slice] 스프라이트 상태의 [모양]과 [코드] 통제소에서(전체 화면 포함)

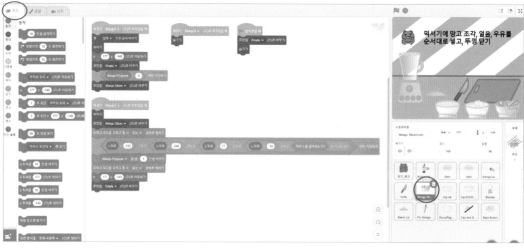

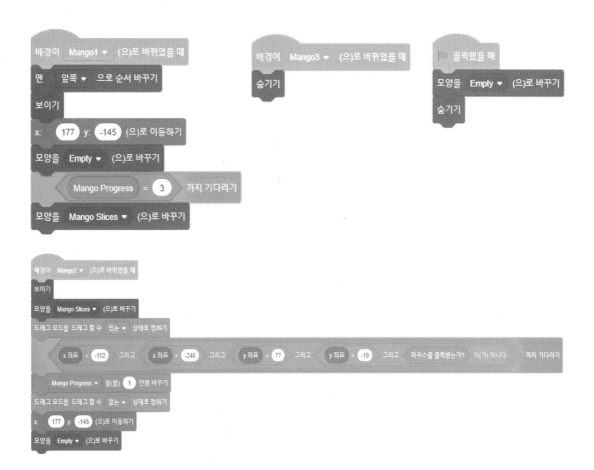

② [Ing-Ice] 스프라이트 상태의 [모양]과 [코드] 통제소에서(전체 화면 포함)

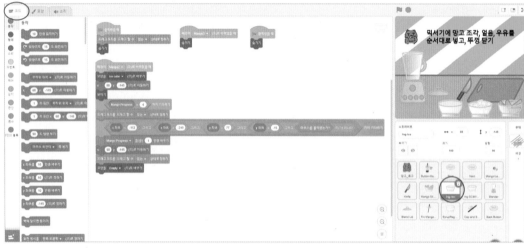

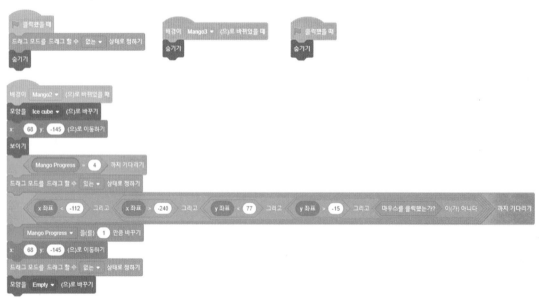

③ [Ing_SCMilk] 스프라이트 상태의 [모양]과 [코드] 통제소에서(전체 화면 포함)

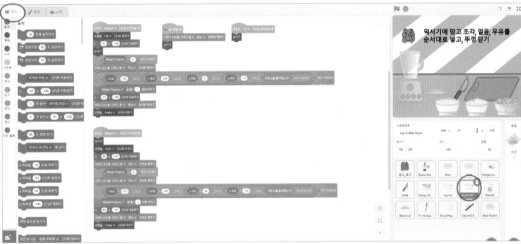

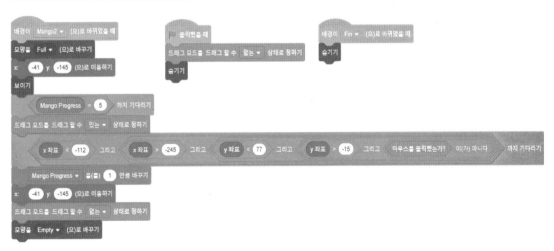

배경이 Mango3 ▼ (으)로 바뀌었을 때
보이기
모양을 Slush ▼ (으)로 바꾸기
x: 63 y: -137 (으)로 이동하기
드래그 모드를 드래그 할 수 없는 ▼ 상태로 정하기
Mango Progress = 8 까지 기다리기
드래그 모드를 드래그 할 수 있는 ▼ 상태로 정하기
x좌표 < -117 그리고 x좌표 > -245 그리고 y좌표 < -20 그리고 y좌표 > -125 그리고 마우스를 클릭했는가? 이(가) 아니다 까지 기다리기
Mango Progress ▼ 을(를) 1 만큼 바꾸기
x: 63 y: -137 (으)로 이동하기
드래그 모드를 드래그 할 수 없는 ▼ 상태로 정하기
모양을 Empty ▼ (으)로 바꾸기

④ [Blender] 스프라이트 상태의 [모양]과 [코드] 통제소에서(전체 화면 생략)

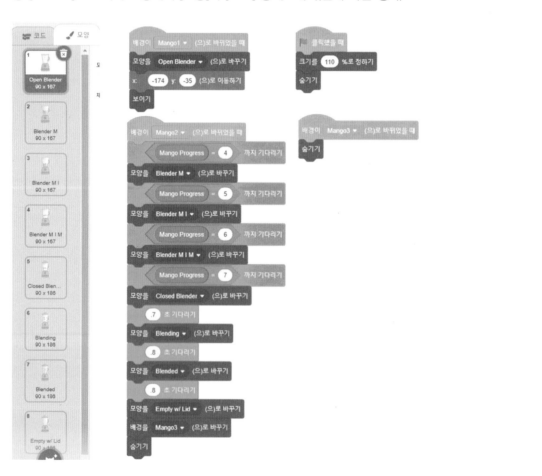

⑤ [Blend Lid] 스프라이트의 [모양]과 [코드] 통제소에서(전체 화면 생략)

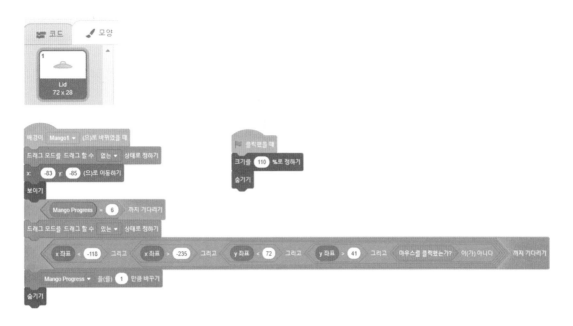

컵에 보바(달콤한 전분 덩어리)와 망고 슬러시를 순서대로 넣고, 빨대 달린 뚜껑을 얹는다.

① [Fin_Mango] 스프라이트 상태의 [모양]과 [코드] 통제소에서

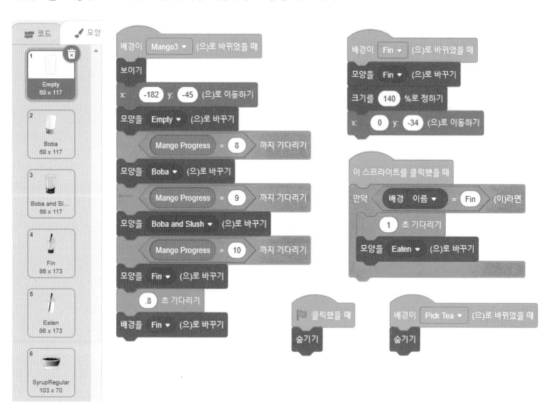

② [SyrupRegular] 스프라이트 상태의 [모양]과 [코드] 통제소에서

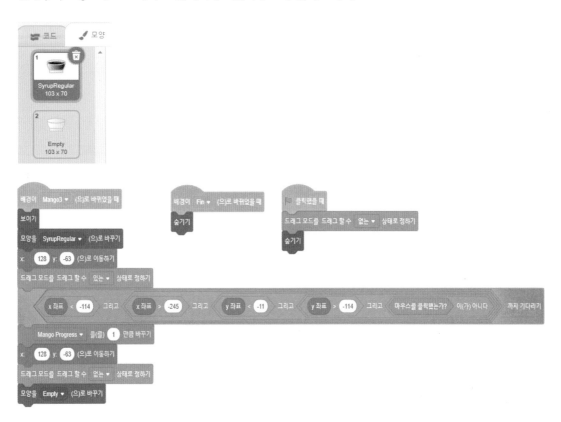

③ [Cap & Slush] 스프라이트 상태의 [모양]과 [코드] 통제소에서

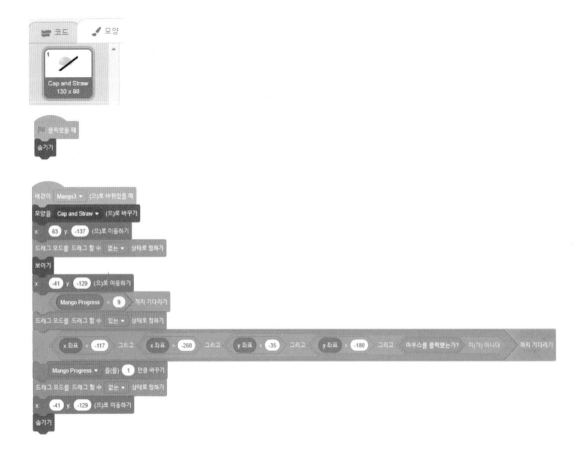

7단계 마시기: 완성됨

(1) 위 화면에서 컵을 클릭하면 다음 최종 화면이 나온다. 여기서 망고 슬러시를 누르면 비워진다. 멈추고 싶으면 우상단의 ⬤을 누른다.

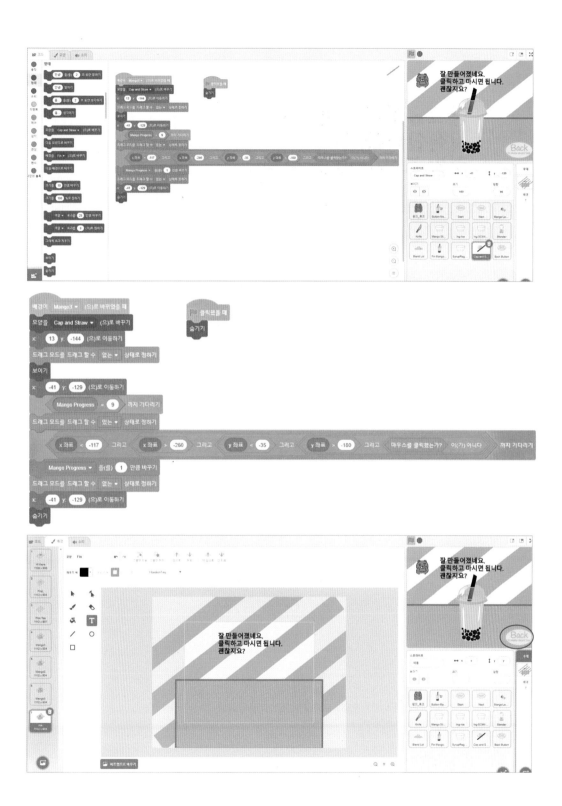

(2) 만일 한 잔 더 마시고 싶으면 [Back] 단추를 누르면 초기화면으로 돌아간다.

깃발 🚩을 누르고 Start를 클릭하면 다시 시작할 수 있다.

[Back] 스프라이트의 [코드]

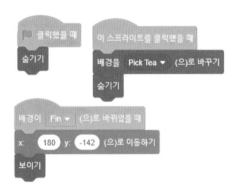

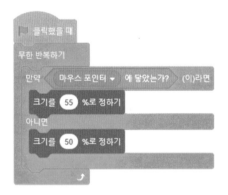

제3절 과제

① 수박화채 만들기(재료: 수박, 얼음, 사이다, 딸기 우유 등)

② 레모네이드 만들기(재료: 레몬, 설탕, 탄산수 등)

③ 냉커피 만들기(재료와 방법은 각자 생각해보기)

저 높은 곳을 향하여

저 높은 곳은 비전을 의미한다. 영적 세계에서는 천국을, 과학 세계에서는 첨단 기술을 뜻하는 것 같다. 제4차 산업혁명 시대에서는 영적, 인적, 과학적 지식을 균형 있게 가질 필요가 있다. 지속적인 노력과 기도는 언젠가 성취감을 가져다 줄 것이다. 본서의 다음 세계인 파이썬으로 나아가는 용기도 있을 것이다. 파이썬은 스크래치와 다른 형식으로 여러분을 맞이한다. 블록을 쌓는 것이 아니라 숫자와 문자를 섞어서 정식으로 코딩 작업을 한다. 그러나 기본적인 논리는 스크래치와 별 차이가 없다. 안내와 노력으로 파이썬을 극복해야 한다.

성장하려면 몸속의 성장판이 커지는 고통을 감수해야 한다. 어렵더라도 더 넓은 지식 세계로 나아가자. 불확실성 속에 머무르려는 준비만 있다면 코딩 어드벤처의 성공은 나의 것이 된다. 인간의 궁극적인 목표는 인공지능(AI: Artificial Intelligence)이다. 사람처럼 생각하고 행동하는 로봇을 마음에 그려보면서 기초 파이썬 세계로 한걸음 나아가자.

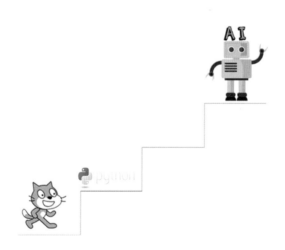

PART II

파이썬 세계

제12장 파이썬 준비하기

학습목표

① 파이썬 언어 이해하기
② [쉘] 방식을 이해하기
③ [쉘] 창에서 도형 그리기

창조성이란 단순히 남들과 다르다는 것은 아니다. 누구나 독특한 일을 할 수 있다. 그건 쉬운 일이다. 어려운 것은 바흐처럼 (복잡한 것을) 단순하게 만드는 것. 극도로 단순화시키는 것, 그것이 창조성이다. ― 찰스 밍거스(1922~1979) 재즈 연주자

사람들은 존재하는 것만을 보고 "왜 그럴까" 생각하지만, 나는 존재하지 않은 것을 꿈꾸고 "왜 그러지 않은가"를 생각한다. ― 조지 버너드 쇼(1856~1950)

제1절 파이썬이란

제2절 파이썬 설치하기

제3절 쉘 방식에서 자료 입력과 저장하기

제4절 파이썬 그림 그리기

제1절 파이썬이란

파이썬(Python)[1]은 데이터 과학에서 표준 프로그래밍 언어가 되고 있다. 이 언어는 데이터 수집, 시각화, 통계 분석, 자연어 처리, 이미지 처리 등에 필요한 라이브러리를 다양하게 가지고 있다. 범용 프로그래밍 언어로서 그래픽 사용자 인터페이스나 웹 서비스도 만들 수 있으며 기존 시스템과 통합이 가능하다.

여기서 소개하는 파이썬은 객체지향 언어로서 비교적 간단하고 강력한 실행력을 가지고 있다. 문법적으로 이해하기 쉽고, 인터프리팅 환경에서 다양한 분야의 문제를 해결해준다. 객체지향 파이썬은 창시자 귀도 반 로썸에 의해 BBC에서 방영되던 〈Monty Python's Flying Circus〉라는 TV 프로그램 이름에서 나왔다고 한다.

파이썬의 특성은 다음과 같다. 첫째, 파이썬은 쉬운 문법, 간결한 실행, 높은 가독성, 개발 생산성 극대화 등의 특성을 지닌 고급 수준의 언어이다. 메모리 관리나 세부 사항에 크게 신경 쓰지 않아도 되며 확장 가능한 라이브러리를 가지고 있어 표준 라이브러리를 광범위하게 이용할 수 있다. 이 언어는 현재 선호도가 가장 높은 프로그래밍 언어 중의 하나이다.

둘째, 파이썬은 자유, 오픈소스 소프트웨어이다. 소스 코드가 공개되어 있어 언제든지 접근이 가능하고 필요한 부분을 수정할 수 있고, 새로운 것을 만들 때에 이 프로그램의 일부를 사용해도 된다. 모든 파이썬 프로그램은 어떤 수정 없이 여러 플랫폼에서 사용 가능하다. 윈도우에서 코딩한 프로그램을 리눅스나 맥에서 사용할 수 있다.

---

1 한국어 공식 표기는 "파이썬"으로 하고 있다.

제2절 파이썬 설치하기[2]

파이썬 설치는 어렵지 않다. 다음 순서대로 진행하면 된다.

1단계 인터넷 익스플로러나 크롬에서 url 입력 : https://www.python.org

다음 화면에서 붉은 타원 [Download]를 선택한다.

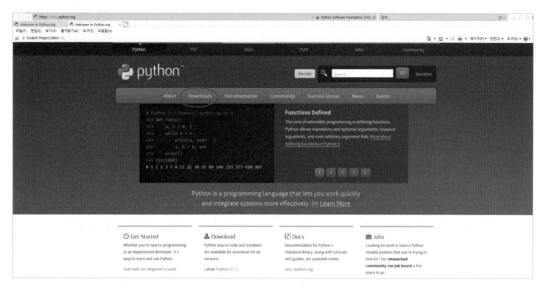

---

2 파이썬 최신 버전은 2020년 2월 24일 현재 3.8.2이다. 그러나 다음 절의 Anaconda(통합개발환경)는 아직 준비되
   지 않았으므로 3.7.1버전으로 진행한다.

아래에서 내 PC가 32비트인 경우 Download Python 3.8.2 를 클릭하면 된다. 그러나 이 책에서는 64비트용에는 타원 표시한 [Looking for Python with a different OS?]"를 선택한다.[3]

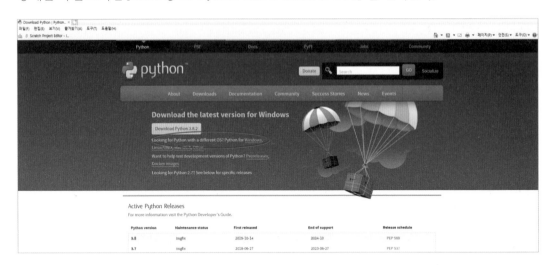

2단계 화면에서 [Windows x86-64 executable installer]를 선택하면, 실행/저장 여부를 묻는 창이 올라온다. 여기서 [실행]을 선택한다.

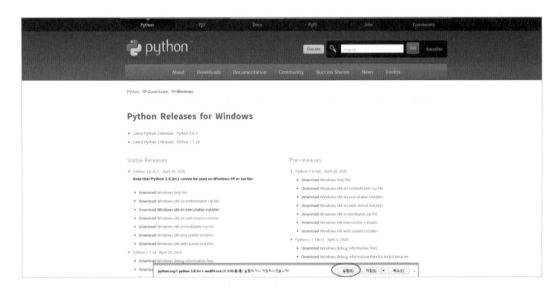

---

3 내 컴퓨터 사양 알아보기 : 화면 좌하단 [시작단추](마우스 우클릭) → 시스템(Y) → 디바이스 사양과 Windows 사양

파이썬을 모든 경로에서 실행하기 위해 PATH에 파이썬 파일이 추가된다.

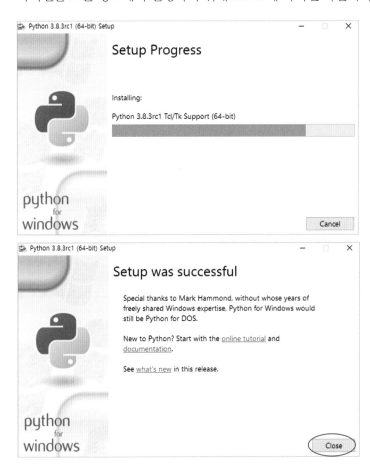

파이썬이 제대로 설치되어 있는가를 확인하려면 python.exe 실행파일을 찾아본다. 이를 위해 다음과 같이 진행한다.

1단계 화면 좌하단의 **[시작단추]**에서 마우스 우클릭하고 **[실행(R)]**을 선택한다.

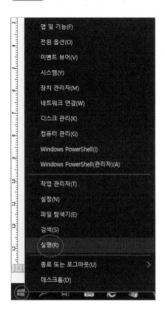

2단계 다음 cmd 창에서 확인을 누른다.

3단계 이 [커맨드] 창에서 python를 입력하면 부호 >>> [**명령 프롬프트**]가 나온다. 여기서 3+4를
입력하고 실행한 결과 7을 얻었다. 성공이다.

제3절 쉘 방식에서 자료 입력과 저장하기

파이썬을 이용한 자료 입력 방식은 여러 가지가 있다. 여기서는 먼저 쉘(shell) 방식에 의한 자료
입력과 저장에 대해 알아본다. 아래 초기화면의 윈도우 메뉴에서 기존의 Python 3.7과 함께 Py-
thon 3.8이 새로 설치되었다.

IDLE(아이들) 아이콘을 마우스로 잡아 화면으로 끌어낸 후, 이것을 클릭하면 다음과 같은 쉘 (shell) 초기 화면이 생성된다. 파이썬에는 IDLE(Integrated Development Environment : 통합개발 환경) 도구가 내장되어 있어 코딩 작업을 쉽게 할 수 있다. 여기서 IDLE은 기본 소스 코드 작성 도구로 이용된다.

프롬프트(〉〉〉)에서 print('안녕하세요')를 입력하고 [엔터] 하였다. 그러자 곧바로 그 다음 줄에 동일한 내용이 출력되었다. 그리고 3 + 4를 입력하고 [엔터] 하였다. 그 다음 줄에 7이 나와 있다. 이 쉘(shell) 방식은 대화식이며 한 줄씩만 입력하게 되어 불편하다. 여러 줄을 입력하는 코딩 방식은 다음 장에서 설명한다.

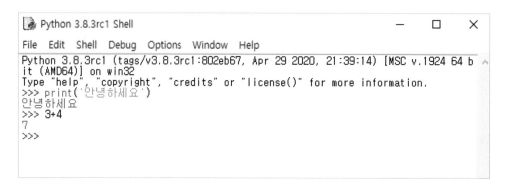

이 파일을 저장해보자. 메뉴에서 [File] ⇨ [Save]하고 저장 창이 나오면 아래 [Python 3.8] 저장소나 다른 적당한 폴더에 prac.py로 저장한다. 확장자는 ".py"이다. 그리고 이 파일을 종료하려면 [File] ⇨ [Exit]하면 된다. 그러면 IDLE도 종료된다.

그런데 이 파일을 다시 불러오려면 초기화면 [시작단추] ⇨ [Python 3.8] ⇨ [IDLE (Python 3.8 64-bit)]로 가면 초기화면이 나온다. 여기서 [File] ⇨ [Open..]을 누르고 해당 폴더에서 파일을 찾으면 된다.

제4절 파이썬 그림 그리기

파이썬은 거북이 그래픽(Turtle Graphic)이라는 기본 모듈을 가지고 있다. 제공되는 그림은 이해하기 쉽고 단순하지만 응용 여부에 따라 더 개발될 수 있다. turtle 모듈 공식 url은 다음과 같다.

https://docs.python.org/3/library/turtle.html

정삼각형을 그려보자. 먼저 IDLE 툴바에서 [File] ⇨ [New File]이 나오면 아래와 같이 코딩 작업을 한다. 부호#은 설명문으로서 실행되지 않는다.

```
# 삼각형 그리기
from turtle import *
shape('turtle')
speed(1)                          # 거북이 속도
pensize(5)                        # 펜 굵기
color('blue')
for i in range(3):
    forward(100)                  # 전진 100 픽셀
    left(120)                     # 좌회전 120도
hideturtle()
```

* range(3)은 인덱스 i가 0~2까지 진행한다는 뜻이다. 상세한 것은 다음 장에서 설명한다.

프로그램을 실행하기 위해 툴바의 [Run] ⇨ [Run Module] 또는 [F5] 단추를 누르면 [저장 창]이 뜬다.

[확인]을 누르고 적당한 폴더(D:₩BPy)에 폴더 이름 [삼각형]으로 저장한다.

결과로서 아래 [Python Turtle Graphics] 창이 뜬다. 이 창의 크기는 400픽셀×400픽셀이고, 좌표 정가운데가 (0,0)이다(전체 좌표는 −200~200).

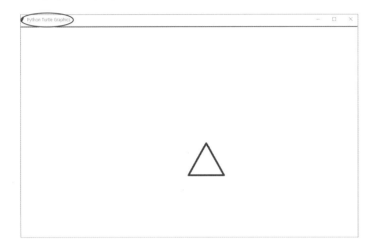

이것을 스크래치의 결과와 비교하면 다음과 같다.

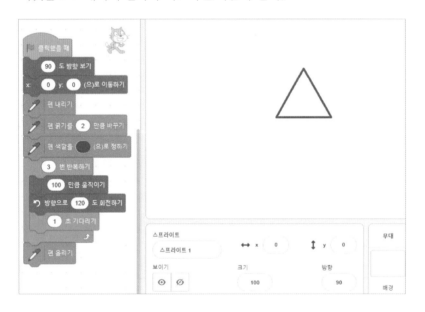

다시 한번 강조하면 다각형에서는 내각과 외각의 개념을 잘 이해해야 한다. 특히 외각은 거북이가 회전하는 각도이므로 중요하다. 내각은 한 변과 다른 한 변이 만나는 안쪽 각도이며, 외각은 한 변의 연장선과 다른 한 변이 만나는 각도이다. 따라서 내각과 외각의 합은 180도이다. 다음

그림에서 보는 바와 같이, 정삼각형의 경우 내각이 60도이므로 외각은 120도가 된다.[4]

[도표 12-1] 정삼각형의 내각과 외각

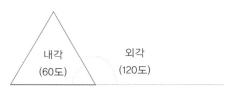

일반적으로 정n각형은 (n−2)개의 삼각형으로 이루어져 있다. 따라서 내각의 합은 (n−2)×180이다. 그리고 한 내각의 합은 이것을 n으로 나누면 된다. 예를 들어, 정오각형은 3개의 삼각형으로 이루어져 있으므로 전체가 3×180=540도이다. 이것을 5로 나누면 내각은 108도가 된다. 그리고 외각은 180−108 = 72(도)가 된다. 외각을 구하는 공식은 다음과 같다.

$$외각 = 180 - 내각 = 180 - \frac{(n-2)\times180}{n} = \frac{360}{n}$$

다음은 정오각형과 별 그림이다. 별은 기본적으로 오각형이다. 두 도형의 외각을 검토하고 그림을 그려본다.

```
# 오각형 그리기
from turtle import *
shape('turtle')
speed(1)                          # 거북이 속도
pensize(3)                        # 펜 굵기
color('blue')
begin_fill()                      # 도형 색 채우기
for i in range(5):
    forward(100)                  # 전진 100 픽셀
    left(360/5)                   # 좌회전 72도
end_fill()                        # 색 채우기 완료


# 별 그리기
penup()
goto(0, -100)                     # 좌표 이동
pendown()
color('green')
speed(1)                          # 거북이 속도
for i in range(5):
    forward(200)                  # 전진 200 픽셀
    left(144)                     # 좌회전 144도
done()
```

---

4 삼각형 내각의 합이 180도임을 증명하자. 네이버나 다음에서 "삼각형 내각의 합"을 검색하면 파스칼(프랑스 수학자)이 설명해준다.

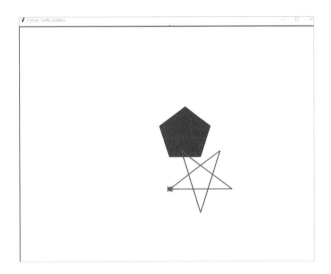

다음 패턴 그림은 사각형을 360도 부채꼴 모양으로 펼치고 있다.

```
*ch12_패턴.py - D:\BPy\ch12_패턴.py (3.8.3rc1)*          —    □    ×

File  Edit  Format  Run  Options  Window  Help

from turtle import *
shape('turtle')
speed(5)
angle= 89
bgcolor('pale green')
color('blue')
for x in range(200):
    forward(x)
    left(angle)
hideturtle();                       # 마지막 부호 조심
```

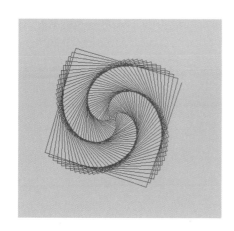

이 코딩에서 angle, range를 각각 50, 100으로 변경하여 시도해보고 패턴을 감상해본다. 이 외에도 다른 블로그의 도움을 받아 다양한 도형을 그릴 수 있다.

제13장 주피터 노트북과 파이썬 본격 실행

학습목표

① 아나콘다와 주피터 노트북의 관계 이해하기
② 라이브러리 사용하여 자료 분석하기
③ 자료의 평균과 편차 이해하기

현재의 모습대로 있어야 할 사람은 아무도 없다. — 해리 에머슨 포스딕

새는 알 속에서 빠져나오려고 싸운다. 알은 세계이다. 태어나기를 원하는 자는 하나의 세계를 파괴하지 않으면 안 된다. — 헤르만 헤세

제1절   아나콘다와 주피터 노트북
제2절   코딩스쿨 참석인원 분석하기

제1절 아나콘다와 주피터 노트북

앞에서 IDLE 도구와 쉘 방식에서 파이썬 3.8 버전을 공부하였다. 이 환경에서는 많은 기초 예제를 다룰 수 있으나, 빅데이터 분석 같은 복잡한 자료를 다루기에 효율적이지 못하다. 이를 편리하게 해결해주는 것이 아나콘다(Anaconda), 파이참(PyCharm) 등과 같은 통합개발환경이다. 여기서는 복잡한 대규모 자료를 다루지 않지만 기본 개념을 이해하면 빅데이터 과학자로 가는 길에 도움이 될 것이다.

아나콘다를 다운받은 후 파이썬을 활용하는 방법은 다음과 같다. 아나콘다는 빅데이터 처리, 예측 분석, 과학계산 등을 실행하는 환경이다. 이것은 수천만 명의 사용자가 이용하며 윈도우, 리눅스, 맥 등에 적합한 많은 데이터 라이브러리를 가지고 있다. 여기서는 아나콘다 환경에서 주피터 노트북(Jupyter Notebook)을 이용하여 파이썬 언어를 실행한다.

주피터 노트북은 자료 분석에 효율적이며 사용하기 편리하다(이하 노트북이라 함). 프로그램 코드를 웹 브라우저에서 실행해주는 대화식 환경으로서 입력과 결과를 동시에 확인할 수 있기 때문이다. 코드와 이미지를 쉽게 쓸 수 있어 많은 분석가들이 즐겨 사용한다. 노트북 설치와 활용에 대해 알아보자.

1단계 먼저 아나콘다를 설치한다.

https://www.anaconda.com/distribution/

초기화면이 나오면 [다운로드]를 누르고

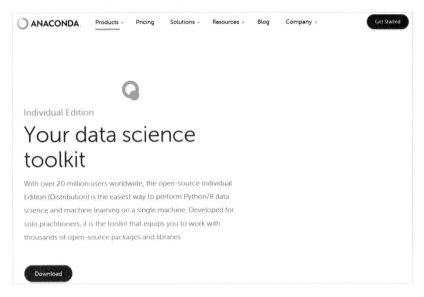

다음 화면에서 나의 PC 사양에 맞는 프로그램을 선택한다.

그리고 계속 진행하면 내 컴퓨터에 저장 완료된다.

2단계 화면 좌하단의 **[초기화면]** 단추에서 마우스 좌클릭하면 아나콘다 폴더가 생성되어 있음을 확인한다. 아나콘다 메뉴에 Jupyter Notebook이 보인다.

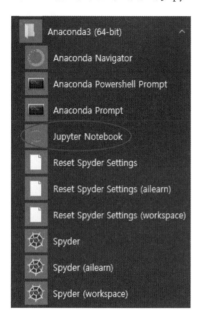

아나콘다는 주피터 노트북이나 스파이더(Spyder) 같은 문서공유 애플리케이션과 자료 분석을 위한 라이브러리를 가지고 있다.

3단계 위 아나콘다 메뉴 화면에서 [Jupyter Notebook]을 클릭하고 잠시 기다리면 초기화면이 나온다.

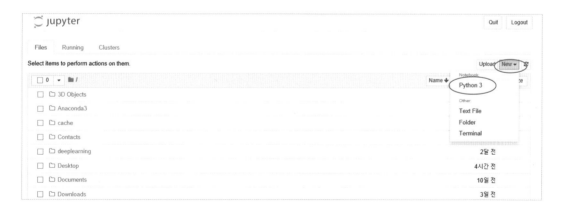

위 화면에서 화면 우측 상단의 [New] ⇨ [Python 3]을 선택하면 코딩 작업 준비화면이 나온다.

그러면 프로그램을 입력하고 시작할 수 있다. 입력 실행의 결과는 실시간으로 볼 수 있다. 위의
화면 In[ ]에서 간단히 코딩을 입력해보자.

```
In [1]:  tot = 22 + 35 + 38 + 25 + 48 + 42
         avg = tot/6
         avg

Out[1]:  35.0

In [ ]:  |
```

입력한 후 [Run]을 누르면 실행되어 결과가 바로 아래에 나온다. 계속해서 다른 프로그램을 입력
할 수 있어 편리하다.

제2절 코딩스쿨 참석인원 분석하기

2.1 데이터프레임 구조의 이해

파이썬 언어는 자료를 모아놓은 구조물을 다양하게 가지고 있다. 여기서는 간단히 시리즈(Series)
와 데이터프레임(DataFrame)에 대해 설명하기로 한다. 시리즈와 데이터프레임은 여러 종류의 자
료를 결합하여 만들 수 있으며 자료구조에서 가장 중요한 개념이다.

앞의 제10장 수학적 사고에서 다루었던 동일한 자료를 다시 살펴보자. 교회학교에서 시행하는
코딩스쿨(매달 첫 주일 1회)에 최근 6개월 동안 참석한 사람들의 수를 다음과 같이 정리하였다.

월 평균 참석자 인원을 계산하고 매월 편차가 얼마나 되는지 계산해본다.

월	참석인원 (명)	분기
1월	22	1
2월	35	1
3월	38	1
4월	25	2
5월	48	2
6월	42	2

(1) 시리즈

먼저 간략한 자료를 시리즈로 만들어서 살펴본다. 시리즈는 다음에서 보는 바와 같이 1차원 배열의 벡터 구조이다. 시리즈의 인덱스는 0부터 시작한다. 따라서 마지막 인덱스 번호는 n−1이다.

```
import pandas as pd
se = pd.Series([10, 40, 30, 20])
se
```

0 10
1 40
2 30
3 20

```
se1 = pd.Series([10, 20, 30, 40], index=['Kim', 'Lee', 'Park', 'Kang']) # 인덱
스 바꾸기
se1
```

Kim   10
Lee   20
Park 30

Kang 40

dtype : int64

(2) 데이터프레임

데이터프레임 자료구조는 부호 { } 유형으로 만든다. 파이썬의 따옴표는 문자에 큰 곧은따옴표(" ") 또는 작은 곧은따옴표(' ')를 사용한다. hwp에서는 굽은따옴표가 나오므로 사용하지 않도록 조심해야 한다. 다음의 dfr파일은 데이터프레임 구조를 가지고 있다.

```
import pandas as pd                          # pandas를 pd로 불러오기
month = ['1월', '2월', '3월', '4월', '5월', '6월']
people = [22, 35, 38, 25, 48, 42]
quarter = [1, 1, 1, 2, 2, 2]
data= {'월':month, '참석인원':people, '분기':quarter}
dfr = pd.DataFrame(data)
dfr
```

	월	참석인원 (명)	분기
0	1월	22	1
1	2월	35	1
2	3월	38	1
3	4월	25	2
4	5월	48	2
5	6월	42	2

* 파이썬의 인덱스는 1이 아니라 0부터 시작한다. 주의를 요한다.

데이터프레임 자료를 분석하려면 판다스(pandas) 라이브러리(패키지)가 필요하다. 판다스는 파이썬에 내장된 라이브러리이다. 여러 라이브러리 중에서 판다스는 자료 탐색이나 정리에 유용하여 데이터 분석에 필수적이다. 주요 라이브러리들은 아나콘다에 이미 들어가 있지만, 주피터 노트북(이하 노트북)을 수행할 때마다 import로 불러온 후 사용한다. 판다스를 불러오는 방식은 다음과 같다.

import pandas as pd

pandas 패키지를 pd로 약칭하여 불러온다.

만일 불러오기(import)가 안 되면 직접 노트북에서 다음을 입력하고 불러온다.

pip install pandas

또는 [시작 단추] ⇨ [Anaconda3] ⇨ [Anaconda Prompt]에서 다음을 실행해도 된다.

이 방법을 알아두면 다른 라이브러리를 불러올 때도 유용하다. 그리고 pip와 pandas를 업그레이드 하려면 다음과 같이 하면 된다.

pip 업그레이드 : python -m pip install --upgrade pip (윈도우용)
pandas 라이브러리 업그레이드 : pip install pandas -- upgrade

계속해서 노트북에서 dfr파일의 데이터프레임 구조를 공부해보자.

```
type(dfr)                                    # dfr의 자료 구조 모습(데이터프레임)
```

pandas.core.frame.DateFrame

```
dfr.columns                                  # dfr의 변수이름
```

Index(['월', '참석인원', '분기',], dtype-'object')

만일 dfr.head( )를 실행하면 상위 5개, dfr.tail( )은 하위 5개 자료가 나타난다.

```
dfr.head()                                   # dfr의 상위 5개 자료
```

	월	참석인원(명)	분기
0	1월	22	1
1	2월	35	1
2	3월	38	1
3	4월	25	2
4	5월	48	2

```
dfr.tail(3)                                  # dfr의 하위 3개 자료
```

	월	참석인원 (명)	분기
3	4월	25	2
4	5월	48	2
5	6월	42	2

다음의 info()는 자료의 정보 그리고 describe()는 변수의 통계량을 제공한다.

```
dfr.info()
```

```
<class 'pandas.core.frame.DataFrame'>
RangeIndex: 6 entries, 0 to 5
Data columns (total 3 columns):
 #   Column   Non-Null Count   Dtype
---  ------   --------------   -----
```

```
0    월          6 non-null    object
1    참석인원       6 non-null    int64
2    분기          6 non-null    int64
dtypes: int64(2), object(1)
momory usage: 272.0+ bytes
```

| `dfr.describe()` | | # 숫자 자료의 설명 |

	참석인원 (명)	분기
count	6.00000	6.000000
mean	35.00000	1.500000
std	9.95992	0.547723
min	22.00000	1.000000
20%	27.50000	1.000000
50%	36.50000	1.500000
75%	41.00000	2.000000
max	48.00000	2.000000

describe() 함수를 이용하면 자료를 한눈에 요약해준다. 최솟값, 최댓값, 평균, 상위값 75%, 중위값 50%, 하위값 25% 등을 보여준다. 참석인원은 평균 35명이며, 표준편차는 10(반올림)이다. 그리고 중앙값은 36.5이다. 분기 자료의 분석은 의미 없다.

이와 같이 개별 자료를 여럿 모아놓은 것을 자료집합(dataset)이라고 한다. 데이터프레임 구조에 대해 조금 더 분석해보자.

| `dfr[0:3]` | | # 사실 내용은 1~3번째 행의 개체임 |

	월	참석인원 (명)	분기
0	1월	22	1
1	2월	35	1
2	3월	38	1

```
dfr[['참석인원']]                          #  변수 참석인원의 값
```

	참석인원 (명)
0	22
1	35
2	38
3	25
4	48
5	42

```
dfr.iloc[2, 1]                          # 3행 2열 위치(location) 값
```
38

```
dfr.iloc[0:2, [1,2]]                     # 1~2월의 참석인원 및 분기 표시
```

	참석인원 (명)	분기
0	22	1
1	35	1

다음은 4~6번째 개체이며 두 번째 변수(참석인원)를 보여준다. 인덱스에서 혼동이 없기를 바란다.

```
dfr.iloc[3:6, [1]]
```

	참석인원 (명)
3	25
4	48
5	42

참고 셀 복사하기

셀 내용을 일부 복사하고 싶다면 시작 지점에 커서를 놓고 [shift] 단추를 누른 상태에서 원하는 지점에 커서를 옮긴다. 그러면 보라색으로 드래그되고 이것을 마우스 우클릭하면 복사된다. 만일 내용 전체를 복사하고 싶으면 커서 지점을 끝에 놓거나 또는 상단 메뉴의 ⎘ ▯ 단추를 차례로 누르면 된다.

2.2 데이터프레임 자료 분석하기

① 평균의 계산

평균(平均, average, mean) 계산은 비교적 쉽다. 관찰치를 다 합한 후에 개체 수로 나누면 된다.

$$평균\ \overline{X} = \frac{1}{6}(22 + 35 + 38 + 25 + 48 + 42) = \frac{1}{6}(210) = 35$$

평균값이 35라는 것은 월 참석자가 "대체로" 또는 "평균적으로" 35명 참석한다는 것을 나타낸다.

만일 수년간의 자료가 쌓이면 어떻게 될까? 단지 노트에 적혀 있다면 거의 낙서에 불과하다. 회사에서는 체계적으로 엑셀(excel) 소프트웨어 도구를 이용하여 자료를 수집한다. 그래야 분석이 수월하기 때문이다. 엑셀 자료는 파이썬으로도 분석이 가능하다. 이때 자료들을 하나의 구조 안에 모아놓은 것을 자료집합(데이터세트)이라고 한다. 이 자료집합은 "몰려 있고", "흩어져 있고" 두 가지 특성을 가지고 있다. 이 특성을 한 단어로 표현하면 분포(分布, distribution)라고 부른다.

분포에서 "몰려 있고"는 한 곳에 집중되어 있다는 것을 의미한다. 예를 들어, 태풍의 한가운데, 벌집의 여왕벌, 회사의 사장 등과 같이 중심을 잡고 있는 위치를 뜻한다. 자료집합도 이러한 성향이 있는데, 이것을 평균으로 표현한다. 참석인원 평균이 35명이면 그 숫자가 대표적으로 가장 많이 발생한다는 뜻이다. 그래서 평균을 대푯값이라고 부른다.

파이썬에서 평균을 구해보자.

```
tot = 22 + 35 + 38 + 25 + 48 + 42
avg = tot/6
avg
```

35.0

다음으로 넘파이(numpy) 라이브러리를 불러와서 평균을 계산한다.

```
import numpy as np
x = [22, 35, 38, 25, 48, 42]
num = len(x)                          # length : 자료 개수
total = sum(x)
avg = total/num
avg
```

35.0

앞에서 describe() 함수를 이용해서 평균을 구했다. 다음에서는 1분기와 2분기의 평균을 구해서 비교해보기로 한다.

```
dfr.참석인원.groupby(dfr.분기).describe()
```

분기	count	mean	std	min	25%	50%	75%	max
1	3.0	31.666667	8.504901	22.0	28.5	35.0	36.5	38.0
2	3.0	38.333333	11.930353	25.0	33.5	42.0	45.0	48.0

평균을 계산해보면 1분기에는 31.7명, 2분기에는 38.3명이 참석했다. 2분기에는 더 많은 사람들이 관심을 가지고 참석한 것으로 보인다.

```
dfr.loc[dfr['참석인원'] >= 35, :]          # 평균값 35명 이상 개체 추출
```

	월	참석인원 (명)	분기
1	2월	35	1
2	3월	38	1
4	5월	48	2
5	6월	42	2

```
dfr_sort = dfr.sort_values(['참석인원'], ascending=True)        # 오름차순 정렬
dfr_sort
```

	월	참석인원 (명)	분기
0	1월	22	1
3	4월	25	2
1	2월	35	1
2	3월	38	1
5	6월	42	2
4	5월	48	2

```
dfr_reset = dfr_sort.reset_index(drop=True)                  # 인덱스 재정렬
dfr_reset
```

* (drop=True)는 기존 인덱스를 버림.

	월	참석인원 (명)	분기
0	1월	22	1
1	4월	25	2
2	2월	35	1
3	3월	38	1
4	6월	42	2
5	5월	48	2

2.3 편차와 평균편차

지금까지 자료의 "올려 있고"를 평균으로 설명하였다. 여기서는 자료의 "흩어져 있고"에 대해서 설명한다. 평균은 자료의 중심을 의미하며 편차는 자료의 흩어진 정도를 보여준다. 이것은 평균을 중심으로 어느 정도 좌우로 퍼져(분산되어) 있는가를 나타낸다. 평균에서 얼마나 멀리 떨어져 있는가를 계산하면, 평균 35를 기준으로 30명은 −5만큼 차이, 45명은 +10만큼 차이가 난다. 이 차이를 편차라고 부르고, 편차(± 관계없이)가 클수록 평균으로부터 멀어진 정도의 거리를 뜻한다. 즉, 편차는 거리 개념이다. 월별 편차는 다음과 같다.

월	1월	2월	3월	4월	5월	6월
참석인원	22	35	38	25	48	42
편차	−13	0	3	−10	13	7

(주) 편차를 모두 합하면 0이다. 이것을 기준으로 편차 계산의 정확성을 알 수 있다.

편차를 이용하여 평균편차를 구하는 공식은 다음과 같다.

편차 : d = abs(x − 평균)　　　　　# abs는 absolute 절댓값

평균편차 : md = $\frac{1}{n} \sum d_i$　　　　　# 편차의 평균값

```
import numpy as np
x = [22, 35, 38, 25, 48, 42]
avg = np.mean(x)                    # 평균 구하기
d = abs(x- avg)
print(d)
s= sum(d)                           # 합계 구하기
md = s/len(x)                       # 평균편차는 합계/관찰치개수
md2 = round(md, 2)                  # 소수점 셋째자리에서 반올림하기
print('평균편차 = ', md2)
```

[13. 0. 3. 10. 13. 7.]
평균편차 = 7.67

이 자료 개체들의 위치는 평균에서 7.67 거리만큼 멀어져 있다. 만일 평균편차가 0이라면 모든 자료는 동일한 값을 가지고 있다고 하겠다.

다음으로 분산과 표준편차를 구하는 공식을 소개해보자. 분산은 편차(d) 제곱의 합을 구한 후 개체수에서 1을 뺀수(n−1)로 나눈 값이며, 표준편차는 이 값의 제곱근이다.

분산[1] : $var = \dfrac{1}{n-1} \sum d_i^2$

표준편차 : sd = sqrt(var)   # sqrt : square root (제곱근)

```
import numpy as np
x = [22, 35, 38, 25, 48, 42]
va = np.var(x)                          # 파이썬은 항상 n으로 나눔
sd_va = np.sqrt(va)
print(va); print(sd_va)
va_5 = va*6/5                           # n-1로 나눈 값(소표본의 경우)
print(va_5)
print(round(np.sqrt(va_5), 2))          # 소수점 셋째자리에서 반올림
```

* 소표본은 30보다 작은 경우를 뜻한다.

82.66666666666667
9.092121131323903
99.2
9.96

끝으로 표준편차는 평균편차의 부정확성을 보완한 개념이다. 수학에서 공부할 기회가 올 때 표준편차에 대해 완전하게 이해하기 바란다.

---

1   표본 자료에서 분산을 구하는 경우, n보다 n−1로 나눈다. 통계학자들이 후자가 모분산을 더 근접하게 계산한다고 증명해놓았다. 그런데 표본이 천 개, 만 개 이상이면 별차이 없다.

참고 IDLE에서 판다스 이용하기

판다스(pandas)는 파이썬의 내장 라이브러리(패키지)이며 데이터프레임 구조를 만들 때에 필요하다. 앞에서는 아나콘다에 이미 포함되어 있어 신경 쓸 필요가 없지만, IDLE에서는 다음과 같이 별도로 설치해야 한다.

1단계 [커맨드] 창에서 판다스 설치하기 : [시작단추] 마우스 우클릭 ⇨ [실행(R)]하면 창이 나온다. [확인]을 누른 후 화면에서 python−m pip install pandas를 입력 실행(엔터)한다.

2단계 IDLE로 [쉘] 창 불러오기 : [시작단추] 마우스 좌클릭 ⇨ [Python 3.8] ⇨ [IDLE] 아이콘
을 선택한다. [쉘] 창이 나오면 상단 메뉴에서 [File] ⇨ [New File]을 클릭한다.

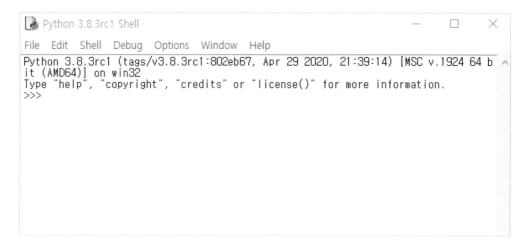

3단계 **[편집]** 창에서 코딩하기 : Untitled **[편집]** 창이 나오면 코딩 작업을 하고 실행한다.

```
ch13_1_38.py - D:\BPy\ch13_1_38.py (3.8.3rc1)                    —    □    ×

File  Edit  Format  Run  Options  Window  Help
import pandas as pd
month = ['1월', '2월', '3월', '4월', '5월', '6월']
people = [22, 35, 38, 25, 48, 42]
quarter = [1, 1, 1, 2, 2, 2]
data= {'월': month, '참석인원': people, '분기': quarter}
dfr = pd.DataFrame(data)
print(dfr)
```

그러면 **[쉘]** 창에 실행 결과가 나온다.

```
Python 3.8.3rc1 Shell                                           —    □    ×

File  Edit  Shell  Debug  Options  Window  Help
Python 3.8.3rc1 (tags/v3.8.3rc1:802eb67, Apr 29 2020, 21:39:14) [MSC v.1924 64 b
it (AMD64)] on win32
Type "help", "copyright", "credits" or "license()" for more information.
>>>
====================== RESTART: D:\BPy\ch13_1_38.py ======================
    월  참석인원  분기
0  1월    22    1
1  2월    35    1
2  3월    38    1
3  4월    25    2
4  5월    48    2
5  6월    42    2
>>>
```

만일 **[쉘]** 창에서 계속 작업한다면 다음과 같은 결과를 얻는다. **[쉘]** 창의 입력은 한 줄로 제한된다.

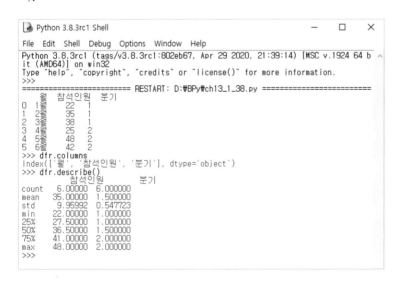

```
Python 3.8.3rc1 Shell                                           —    □    ×

File  Edit  Shell  Debug  Options  Window  Help
Python 3.8.3rc1 (tags/v3.8.3rc1:802eb67, Apr 29 2020, 21:39:14) [MSC v.1924 64 b
it (AMD64)] on win32
Type "help", "copyright", "credits" or "license()" for more information.
>>>
====================== RESTART: D:\BPy\ch13_1_38.py ======================
    월  참석인원  분기
0  1월    22    1
1  2월    35    1
2  3월    38    1
3  4월    25    2
4  5월    48    2
5  6월    42    2
>>> dfr.columns
Index(['월', '참석인원', '분기'], dtype='object')
>>> dfr.describe()
          참석인원        분기
count   6.00000  6.000000
mean   35.00000  1.500000
std     9.95992  0.547723
min    22.00000  1.000000
25%    27.50000  1.000000
50%    36.50000  1.500000
75%    41.00000  2.000000
max    48.00000  2.000000
>>>
```

끝으로 아나콘다에는 여러 라이브러리들이 포함되어 있다.

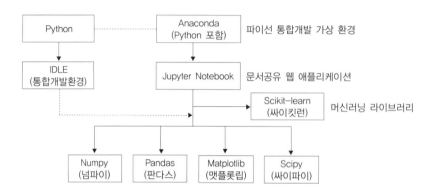

파이썬에서 싸이킷런(scikit-learn) 라이브러리는 머신러닝(기계학습) 용도의 오픈소스이며 독보적이다.[2] 이 라이브러리의 장점은 다른 라이브러리와 호환성이 좋다는 점이다. 또한 내부적으로 통일된 인터페이스를 가지고 있어 여러 기법 적용이 가능하고 쉽고 빠르게 결과를 얻을 수 있다. 다음은 그 url이다.

http://scikit-learn.org/stable/documentation

url 초기화면에서 [Home]을 클릭하면 다양한 통계분석 예제 화면이 등장한다. 여기서는 생략한다.

---

2 본서에서는 기계학습 내용을 다루지 않으며 간단한 언급 정도에 그친다. 이 개념은 중요하며 훗날 공부하는 기회를 갖기 바란다.

노트북에는 판다스(pandas), 넘파이(numpy), 맷플롯립(matplotlib), 싸이파이(scipy) 등 여러 라이브러리가 다양하게 있다.

라이브러리(약칭)	설명
pandas(pd)	판다스는 시리즈나 데이터프레임 구조를 제공하며, 자료 탐색이나 정리에 유용하다.
numpy(np)	넘파이는 고성능 수치 계산을 위해 만들어진 패키지이며, 벡터, 행렬, 배열 등으로 이루어진 자료의 분석 도구이다.
matplotlib	맷플롯립은 자료 시각화에 도움이 되며, 선 그림표, 막대 그림표, 산점도 등을 표현한다 (pyplot와 함께 사용 시 plt 약칭).
scipy	싸이파이는 고성능 선형대수, 함수 최적화, 신호처리, 특수 과학함수와 통계분포 등과 같은 과학 계산용이다.

이 라이브러리 사용법에 대한 것은 코딩 과정에서 수시로 설명한다.

제14장 건강관리 자료 분석

학습목표

① 건강의 중요성 인식하기
② 비만지수(BMI) 계산하기
③ 제어문의 조건문과 반복문을 이해하기

육체의 연습은 약간의 유익이 있으나 경건은 범사에 유익하니 금생과 내생에 약속이 있느니라 — 성경, 디모데전서

훌륭한 사람이 되기 위한 가장 좋은 처방은 건강한 육체에 건전한 정신을 지니는 것이다. — 토마스 브라운 경

규칙적인 기상과 취침, 지속적인 운동, 다양한 기후에의 적응력, 영양가 높은 음식의 섭취 및 모든 것들에의 절제 등은 건강을 위한 필요조건들이다. — 리디아 H. 시고니

제1절 비만 체크 사례

제2절 제어문

제1절 비만 체크 사례

비만은 건강의 최대 적이다. 체중이 지나치게 무거우면 당뇨병, 고혈압, 지방간 등을 유발할 수 있다. 건강을 유지하려면 균형 잡힌 식사를 하고 몸 움직이기를 게을리하지 말아야 한다. 예를 들어 정교한 프로그래머, 전투기 조종사, 외과 의사, 가수 등과 같이 고도의 집중력을 유지해야 하는 직업군은 몸이 우선 건강해야 한다. 몸이 건강하면 머리가 상쾌해지고 어려운 문제에 도전하려는 의욕도 생긴다. 건강한 사람은 그만큼 기회가 더 많이 생기는 셈이다. 평소에 걷기 습관을 들이는 것이 바람직하다.

비만을 체크하는 비만지수는 대한비만학회의 비만치료지침(2018)에서 발표한 체질량지수(Body Mass Index : BMI) 평가를 참조한다.

[도표 14-1] 대한비만학회 BMI 평가지수

BMI	평가
18.5 미만	저체중
18.5 이상 ~ 23 미만	정상
23 ~ 25	비만전단계
25 ~ 30	1단계 비만
30 ~ 35	2단계 비만
35이상	3단계 비만

BMI 계산은 다음과 같다.

$$BMI = (몸무게 : kg)/(키^2 : m)$$

예를 들어 길동이의 키가 150cm, 체중이 50kg이면, BMI = $50/(1.50)^2$ = 22.2이다. 길동이는 정

상인 셈이다. 다음은 노트북에서 길동이의 BMI를 계산한 결과이다.

위 프로그램 입력 후 [Run] 하면 키의 값을 입력하라는 박스가 나온다. 150을 입력하고 [엔터]하고, 다시 몸무게 값 입력 후 [엔터] 하면 다음의 결과가 나온다.

```
키 (cm) = 150
몸무게 (Kg) = 50
나의 BMI는 22.2이다
```

SCRATCH 에서는 다음과 같이 진행한다.

1단계 [변수] 창고에서 변수 만들기와 리스트 만들기

변수

2단계 대화식 코딩과 실행 결과

길동이 학교의 건강관리 책임자는 건강 조사에서 간단히 비만도 BMI 수치가 25 이하면 정상, 초과면 비만가능으로 분류하고 건강관리 대상자로 선정하기로 하였다. 이제 표본으로 5명을 선발하여 종합적으로 판단하는 프로그램을 만들어보자.

학생 5명의 키와 몸무게를 측정한 자료를 정리하고 데이터프레임으로 만든다.

```
import pandas as pd
name = ['Kim', 'Lee', 'Park', 'Hong', 'Kang']
ht = [145, 155, 149, 150, 152]
wt = [50, 65, 45, 50, 60]
data = {'이름':name , '키':ht, '몸무게':wt}
bmidf = pd.DataFrame(data, index = range(0,5))
display(bmidf)
```

	이름	키	몸무게
0	Kim	145	50
1	Lee	155	65
2	Park	149	45
3	Hong	150	50
4	Kang	152	60

```
bmi = bmidf['몸무게']/((bmidf['키']/100)**2)    # 부호 (**)는 제곱하기
bmi = round(bmi, 1)                           # 소수 둘째자리에서 반올림
bmidf['bmi'] = bmi                            # bmi 변수 추가
bmidf
```

	이름	키	몸무게	BMI
0	Kim	145	50	23.8
1	Lee	155	65	27.1
2	Park	149	45	20.3
3	Hong	150	50	22.2
4	Kang	152	60	26.0

BMI가 25 미만이면 "정상", 25 이상이면 "비만가능"으로 표시하기로 하였다.[1]

```
bmidf.loc[bmidf['bmi']< 25, '판정'] = '정상'
bmidf.loc[bmidf['bmi']>= 25, '판정'] = '비만가능'
bmidf
```

	이름	키	몸무게	BMI	판정
0	Kim	145	50	23.8	정상
1	Lee	155	65	27.1	비만가능
2	Park	149	45	20.3	정상
3	Hong	150	50	22.2	정상
4	Kang	152	60	26.0	비만가능

4단계 프로젝트 평가하기

비록 표본이 적은 수이지만 5명 중 2명이 비만 위험으로 판정되었다. 이 사실은 전교생 입장에서 경각심을 불러일으킬 만한 숫자이므로, 통계학적으로 적합한 표본 크기를 30명으로 확대하여 다시 조사하기로 하였다(이하 생략).

---

1 스크래치에서 동일한 결과를 얻기 위해 코딩작업을 해보자.

제2절 제어문

제어문은 프로그램 흐름과 처리 순서를 통제하며 조건문, 반복문 등이 있다. 차례로 살펴보자.

2.1 조건문

조건식이 진실(만족)일 때 실행문이 수행되며, 거짓이면 기각되어 분기되어 나간다.

(1) if 문

if 문은 가장 기본적인 조건문이다. 조건이 단 하나인 경우에만 사용한다. 예를 들어, BMI가 25 미만인 경우만 정상으로 표현한다고 하자.

if (조건식) 진실일 때의 실행문

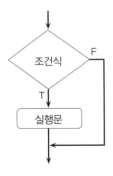

```
bmi = int(input('bmi = '))
if bmi < 25:
    print('정상')                        # 들여쓰기 위치 조심
```

BMI = 23
정상

(2) if~else 문

만일 BMI가 25 이상인 경우는 위의 코딩에는 명시되어 있지 않다. 여기서는 "비만가능"을 명시하기로 한다.

---

if (조건식) 진실일 때의 실행문1 else 거짓일 때의 실행문2

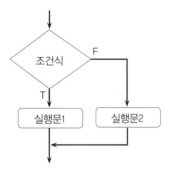

다음은 BMI=33인 사람의 처리 과정이다.

```
bmi = int(input('bmi = '))
if bmi < 25:
    print('정상')                           # 들여쓰기 위치 조심
else:
    print('비만가능')                        # 들여쓰기 위치 조심
    print('건강에 유의하세요')                # 들여쓰기
```

BMI = 33
비만가능
건강에 유의하세요

(3) 중첩 if~else

중첩문은 if~else 문이 두 개 이상 들어가는 경우이다.

> if (조건식1) 진실일 때의 실행문1 else if (조건식2) 진실일 때의 실행문2 else 거짓일 때의 실행문3

```
bmi = int(input('bmi = '))
if bmi < 18.5:
    print('저체중')                      # 들여쓰기 위치 조심
else:
    if bmi < 25:
        print('정상')
    else:
        print('비만가능')                 # 들여쓰기 위치 조심
        print('건강에 유의하세요')          # 들여쓰기
```

또는 다음도 가능하다.

```
bmi = int(input('bmi = '))
if bmi < 18.5:
    print('저체중')                      # 들여쓰기 위치 조심
elif bmi < 25:
    print('정상')
else:
    print('비만가능')                     # 들여쓰기 위치 조심
    print('건강에 유의하세요')             # 들여쓰기
```

다음은 입력 숫자가 홀수인지 짝수이지 구분하는 프로그램이다. 각자 실행해보기 바란다.

```
x = int(input('숫자 입력 : '))
if x %2 == 0:                          # 나누기의 나머지가 0 이면 짝수
    print('짝수(even number)')
else:                                  # 아니면 홀수
    print('홀수(odd number)')
```

다음에서는 주사위를 던져 번호의 홀짝을 알아보자. 여기서는 1~6 사이에서 무작위 번호를 한 번만 불러온다.

```
import random                          # 무작위번호 함수 불러오기
a = random.randrange(1, 7)             # 마지막 번호는 k-1(7-1=6)이다
print(a)
if a %2 == 1:                          # 나누기의 나머지가 1  이면 홀수
    print('홀수')
else:
    print('짝수')
```

SCRATCH 난수 생성 코드는 다음과 같다.

2.2 반복문

알고리즘을 코딩할 때 특정 프로그램을 반복해야 하는 경우가 많이 발생한다. 다음은 제10장 수

학적 사고의 스크래치 정사각형과 정오각형 그리기의 일부 코딩이다. 이미 설명하였듯이 ㄷ자형 반복하기 블록은 조건이 충족되는 한 계속 진행한다.

그리고 "코딩스쿨 참석인원"의 평균을 계산할 때, 인덱스 i의 도움을 얻어 합계를 구하기 위해 ㄷ자형의 반복하기 블록을 사용하였다(제10장 수학적 사고 참조).

반복문은 동일한 문장을 반복해서 사용해야 하는 경우, 끝없는 반복을 막아준다. 코딩이 길어지는 것을 방지해주는 효율적인 문법이다. 반복문은 for, while 두 종류가 있으나 여기서는 for 문만 설명한다.

for 문은 range() 함수를 이용하여 지정된 값을 반환하며, 기본 형식은 다음과 같다. 변수는 증가분으로 시작된다.

```
for 변수 in range(시작값, 끝값+1, 증가분) :
    실행문 반복
```

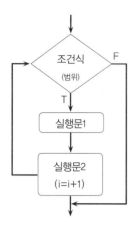

예를 들어 1~ 5까지 정수를 더한다고 하자. 단순 합계를 구하는 공식과 for 구문을 이용한 코딩을 비교해보면 다음과 같다.

```
total = 1+2+3+4+5
print('합계 = %d'  % total)                    # 함수 안에 콤마 없음
```

합계 = 15

```
total  = 0                                    # 초기값
for i in range(1, 6, 1) :                      # 1~5까지 1씩 증가함
    total = total + i                          # 들여쓰기 주의
print('합계 = %d'  % total)
```

합계 = 15

간단한 숫자의 합계는 쉽게 구하지만 특별한 조건이나 숫자가 큰 경우에는 for 문이 편리하다. 다음은 1~10 사이의 홀수 합과 짝수 합을 구하는 코딩이다(전체 합은 55).[2]

---

2 스크래치에서 동일한 코딩 작업을 시도해보기 바란다.

```
total  = 0                          # 초기값
for i in range(1, 11, 2):           # 1~10까지 2씩 증가함
    total = total + i               # 들여쓰기 주의
print('홀수 합계 = %d' % total)
```

홀수 합계 = 25

```
total  = 0                          # 초기값
for i in range(1, 11):              # 1~10까지 1씩 증가
    if i %2 == 0:
        total = total + i           # 들여쓰기 주의
print('짝수 합계 = %d' % total
```

짝수 합계 = 30

짝수 합계를 구하는 for 반복문이 돌아가는 동안 숫자 변화를 다음 표에서 살펴보자.

횟수	i	total	total + i
초기값		0	
1회	2	0	0 + 2 = 2
2회	4	2	2 + 4 = 6
3회	6	6	6 + 6 = 12
4회	8	12	12 + 8 = 20
5회	10	20	20 + 10 = 30
끝		30	

(주) 홀수는 조건식에 맞지 않으므로 그대로 빠져나간다.

이것을 print() 함수를 이용하여 다시 한번 살펴보자.

```
total  = 0
for i in range(1, 11) :
    if i %2 == 0:
        print('i = %d' % i)
        total = total + i
        print('합계 = %d' % total)              # 매회 합계 산출
```

i = 2
합계 = 2
i = 4
합계 = 6
i = 6
합계 = 12
i = 8
합계 = 20
i = 10
합계 = 30

반복문에서 인덱스 i의 변화와 range의 범위를 아는 것은 매우 중요하다. 이를 통하여 파이썬의 특성을 파악하는 기회가 되기 때문이다.

다음은 3의 배수만을 골라서 합계를 계산한다.

```
total = 0
for i in range(1, 9) :                        #1~8
    if i %3 != 0:
        continue
    total += i
print('3의 배수 합계 = %d' %total)
```

3의 배수 합계 = 9

숫자 자료 분석의 핵심은 "몰려 있고" "흩어져 있고" 상태를 평균과 표준편차로 나타내는 것이다. 여기서는 주로 평균에 대해 언급하였다. 평균은 중요한 개념이다. 왜냐하면 통계학의 출발점이기 때문이다. 평균값이 크다 또는 작다 라고 말하는 것으로 충분하지 않지만, 이 수준에서 만족하기로 한다. 또한 편차 혹은 표준편차 개념은 고등 수학책을 참고하기 바란다. 그리고 조건문, 반복문, 함수(여기서는 설명 생략) 등은 코딩의 핵심 용어다. 이 내용을 잘 익히면 코딩에 대해 익숙해진다.

학습목표

① 그림표는 자료의 시각적인 요약임을 이해하기
② matplotlib(맷플롯립) 라이브러리 공부하기
③ 선 그림표와 막대 그림표의 차이를 이해하기
④ 산점도를 하나의 직선으로 이해하기

누구나 멋진 생각을 가지고 있다. 중요한 것은 어떻게 표현하는가이다.

그림표는 수학적 요약이며 예술이다.

제1절 선 그림표
제2절 막대 그림표
제3절 원 그림표
제4절 산점도

제1절 선 그림표

선 그림표(line chart)는 시간에 따라 자료가 변하는 경우를 분석할 때 유용하다. 앞에서 분석한 코딩스쿨 자료를 활용해보자.

```python
import matplotlib.pyplot as plt
import pandas as pd

month = ['Jan', 'Feb', 'March', 'April', 'May', 'June']
student = [22, 35, 38, 25, 48, 42]
quarter = [1, 1, 1, 2, 2, 2]

plt.plot(month, student, color='blue', marker= 'o', linestyle='solid')
plt.title('The Number of Students')
plt.xlabel('Month')
plt.ylabel('Students')
plt.show()
```

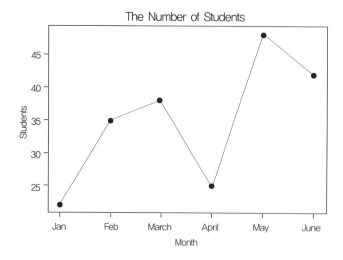

다음은 한글로 입력한 경우이다. 여기서는 한글 깨짐을 방지하기 위해 조치를 취한다. 그리고 자료를 데이터프레임으로 전환한 후에 선 그림표를 그린다.

```
import matplotlib.pyplot as plt
import pandas as pd

from matplotlib import font_manager, rc
font_name = font_manager.FontProperties(fname="c:/Windows/Fonts/mal-
gun.ttf").get_name()
plt.rc('font', family=font_name)                    # 그래프에서 한글깨짐 방지용
plt.matplotlib.rcParams['axes.unicode_minus'] = False   # 좌표에 출력된 음수
깨짐 방지

month = ['1월', '2월', '3월', '4월', '5월', '6월']
student = [22, 35, 38, 25, 48, 42]
quarter = [1, 1, 1, 2, 2, 2]
dt= {'월':month, '인원':student, '분기':quarter}
dfr = pd.DataFrame(dt)
print(dfr)

dfr.plot(kind='line', x='월', y='인원', color='blue', marker= 'o', line-
style='solid')
plt.title('코딩스쿨 참석인원')
plt.xlabel('월')
plt.ylabel('인원(명)')
plt.show()
```

	월	인원	분기
0	1월	22	1
1	2월	35	1
2	3월	38	1
3	4월	25	2
4	5월	48	2
5	6월	42	2

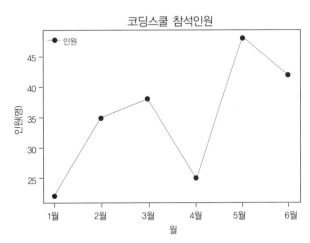

제2절 막대 그림표

막대 그림표(bar chart)는 여러 목적으로 쓰인다. 자료의 변화를 보여주기도 하고 다른 상대와 비교하는 데 유용하다.

```python
import matplotlib.pyplot as plt
import pandas as pd

from matplotlib import font_manager, rc
font_name = font_manager.FontProperties(fname="c:/Windows/Fonts/malgun.ttf").get_name()
plt.rc('font', family=font_name)              # 그래프에서 한글깨짐 방지용

plt.matplotlib.rcParams['axes.unicode_minus'] = False  # 좌표에 출력된 음수 깨짐 방지

month = ['1월', '2월', '3월', '4월', '5월', '6월']
student = [22, 35, 38, 25, 48, 42]
quarter = [1, 1, 1, 2, 2, 2]
dt= {'월':month, '인원':student, '분기':quarter}
dfr = pd.DataFrame(dt)
print(dfr)

dfr.plot(kind='bar', x='월', y='인원', color='green')
plt.title('코딩스쿨 참석인원')
plt.xlabel('월')
plt.ylabel('인원(명)')
plt.show()
```

	월	인원	분기
0	1월	22	1
1	2월	35	1
2	3월	38	1
3	4월	25	2
4	5월	48	2
5	6월	42	2

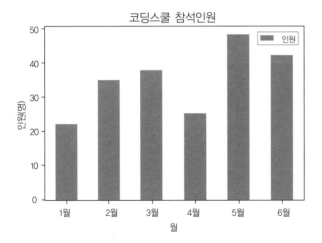

다음은 1분기와 2분기의 평균을 구한 다음에 막대 그림표로 나타낸다.

```
import matplotlib.pyplot as plt
import pandas as pd

from matplotlib import font_manager, rc
font_name = font_manager.FontProperties(fname="c:/Windows/Fonts/mal-
gun.ttf").get_name()
plt.rc('font', family=font_name)                    # 그래프에서 한글깨짐 방지용
plt.matplotlib.rcParams['axes.unicode_minus'] = False   # 좌표에 출력된 음수
깨짐 방지

month = ['1월', '2월', '3월', '4월', '5월', '6월']
student = [22, 35, 38, 25, 48, 42]
quarter = [1, 1, 1, 2, 2, 2]
dt= {'월':month, '인원':student, '분기':quarter}
dfr = pd.DataFrame(dt)
print(dfr)

avg = dfr.인원.groupby(dfr.분기).mean()
round(avg, 1)                                       # 소숫점 첫째자리
```

	월	인원	분기
0	1월	22	1
1	2월	35	1
2	3월	38	1
3	4월	25	2
4	5월	48	2
5	6월	42	2

분기	
1	31.7
2	38.3
Name : 인원, dtype : f loat 64	

```
avg.plot.bar()
```

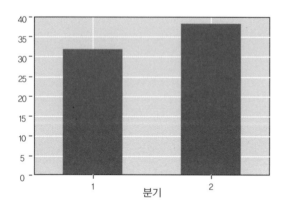

```
ax = avg.plot.bar()
for p in ax.patches:
    left, bottom, width, height = p.get_bbox().bounds
    ax.annotate("%.1f"%(height), (left+width/2, height*1.01), ha='center')
```

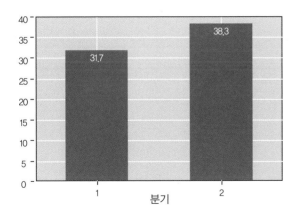

이 그림표에서 ax.patches는 ax 그림표의 막대(pole)를 나타낸다. 현재 막대의 수대로 반복문을 2번 돌면서 정보를 제공한다. 구체적으로 p.get_bbox().bounds 는 다음에서 보는 바와 같이 막대의 좌우폭고 등에 관한 정보를 보여준다.

```
for p in ax.patches:
    print(p.get_bbox().bounds)

(-0.25, 0.0, 0.5, 31.666666666666668)          # 첫번째 막대
(0.75, 0.0, 0.5, 38.333333333333336)          # 두번째 막대
```

다음 막대 그림표에서는 막대 끝에 숫자를 표시하였다. font_manager와 rc 모듈은 그림표를 그릴 때 한글 폰트 설정에 사용한다. 폰트 설치 경로에서 폰트 이름을 알아낸 후 rc 함수를 통해 폰트를 설정한다.

matplotlib로 그림표를 그리려면 figure(전체 그림 영역) 객체와 하나 이상의 subplot(Axes) 객체가 필요하다. Axes 객체는 실제 그림이며 y축(Axis)과 x축(Axis)을 나타낸다. 위에서는 plt.plot 함수가 자동 생성된 그림표를 그렸다. 그러나 다음의 그림표는 figure와 subplot 객체를 명시적으로 만들어 그림표를 그린다.

수직 방향의 막대 그림표는 bar 함수, 수평은 barh 함수를 사용한다. bar 함수의 첫 번째 인자는 x

축에서 막대의 위치이고, 두 번째 인자는 y축의 막대 높이를 나타낸다. 이 값들은 파이썬 리스트 형태로 전달한다. align은 막대의 정렬 위치를 width는 수직 막대의 너비를 설정한다. 그리고 수직 방향의 막대 그림표에서는 x축에 ticker를 표시한다. matplotlib.pyplot 라이브러리의 xticks 함수를 사용해 ticker의 위치와 라벨을 정한다.

```python
import matplotlib.pyplot as plt
import numpy as np

from matplotlib import font_manager, rc
font_name = font_manager.FontProperties(fname="c:/Windows/Fonts/malgun.ttf").get_name()
plt.rc('font', family=font_name)                 # 그래프에서 한글깨짐 방지용
plt.matplotlib.rcParams['axes.unicode_minus'] = False # 좌표에 출력된 음수 깨짐 방지

month = ['1월', '2월', '3월', '4월', '5월', '6월']
student = [22, 35, 38, 25, 48, 42]
quarter = [1, 1, 1, 2, 2, 2]

fig = plt.figure(figsize= (8,6))
ax = fig.add_subplot(111)
pos = np.arange⑥
clas = plt.bar(pos, student, color= 'green', align='center', width=0.5)
plt.xticks(pos, month)

from matplotlib import style              # 숫자표시
style.use('ggplot')
for i, 인원 in enumerate(clas):
    ax.text(인원.get_x() + 인원.get_width() / 2.0, 0.95 * 인원.get_height(), str(student[i]), ha='center')

plt.title('참석인원:2020년 1월 ~ 6월')
plt.xlabel('월')
plt.ylabel('인원')
plt.show()
```

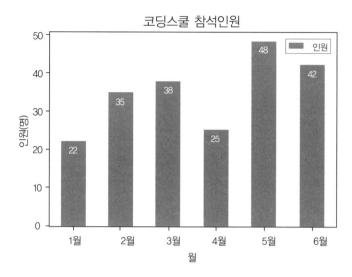

다음은 막대 그림표를 수평으로 보여준다.

```python
import matplotlib.pyplot as plt
import numpy as np

from matplotlib import font_manager, rc
font_name = font_manager.FontProperties(fname="c:/Windows/Fonts/malgun.
ttf").get_name()
plt.rc('font', family=font_name)                  # 그래프에서 한글깨짐 방지용
plt.matplotlib.rcParams['axes.unicode_minus'] = False # 좌표에 출력된 음수 깨
짐 방지

month = ['1월', '2월', '3월', '4월', '5월', '6월']
student = [22, 35, 38, 25, 48, 42]
quarter = [1, 1, 1, 2, 2, 2]

fig = plt.figure(figsize= (8,6))
ax = fig.add_subplot(111)

ypos = np.arange⑥
clas = plt.barh(month, student, align='center', height=0.5)
plt.yticks(ypos, month)

from matplotlib import style              # 숫자표시
style.use('ggplot')

for i, 인원 in enumerate(clas):
    ax.text(0.95 * 인원.get_width(), 인원.get_y() + 인원.get_height() /
2.0, str(student[i]), ha='right', va='center')

plt.title('참석인원 : 2020년 1 ~ 6월')
plt.xlabel('인원(명)')
plt.ylabel('월')
plt.show()
```

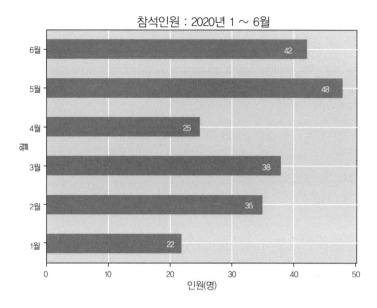

참석인원 : 2020년 1 ~ 6월

제3절 원 그림표

원 그림표(pie chart)는 전체 자료의 합을 100%로 간주하여 그린다.

```python
import matplotlib.pyplot as plt
import numpy as np
from matplotlib import font_manager, rc
from matplotlib import style

font_name = font_manager.FontProperties(fname="c:/Windows/Fonts/mal-
gun.ttf").get_name()
rc('font', family=font_name)
style.use('ggplot')

month = ['1월', '2월', '3월', '4월', '5월', '6월']
student = [22, 35, 38, 25, 48, 42]

plt.pie(student, labels= month, shadow=True,  autopct='%1.1f%%', star-
tangle=90)
plt.show()
```

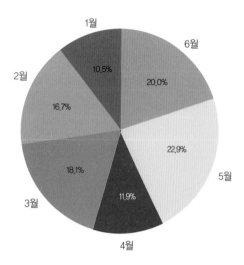

제4절 산점도

자료를 간명하게 나타내는 방법 중의 하나로 산점도(scatter plot)가 있다. seaborn 라이브러리를 이용한 이 그림표는 두 변수의 관계를 시각적으로 잘 나타내준다. 여기서는 키와 몸무게에 관한 자료를 사용한다.

```
import pandas as pd
ht = [145, 155, 149, 150, 152]
wt = [50, 65, 45, 50, 60]
data = {'키':ht, '몸무게':wt}
datadf = pd.DataFrame(data, index = range(0,5))
display(datadf)

import seaborn as sns
sns.regplot(x=datadf['키'], y=datadf['몸무게'], fit_reg=True)
import matplotlib.pyplot as plt
plt.title('산점도', fontsize=10)
plt.show()
```

	키	몸무게
0	145	50
1	155	65
2	149	45
3	150	50
4	152	60

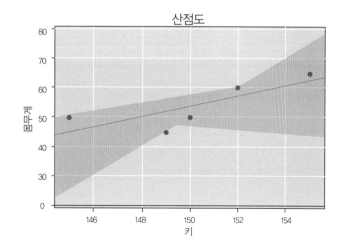

산점도를 관찰해보면 키가 클수록 몸무게도 더 무거워진다고 볼 수 있다. 이것을 간략하게 직선 (일차함수 또는 선형함수라고 부름)으로 표시하면 통계학적으로 명료하게 알 수 있다. 여기서 눈 짐작으로 보면 기울기가 $\frac{7}{4}$ 쯤 되는 것 같다(통계학을 공부하면 정확하게 기울기가 1.752임을 알 수 있다). 따라서 키(x)가 1cm씩 늘면 몸무게(y)는 1.752kg씩 늘어난다고 볼 수 있다.

제16장 **문자 자료의 분석**

학습목표

① 문자열 이해하기
② 단어의 빈도수 계산하기
③ 단어구름(워드클라우드) 만들기
④ HTML 문자 이해하기

오직 성령의 열매는 사랑과 희락과 화평과 오래 참음과 자비와 양선과 충성과 온유와 절제니 이 같은 것을 금지할 법이 없느니라. — 성경(갈라디아서 5:22–23)

꿈을 지녀라. 그러면 어려운 현실을 이겨낼 수 있다. — 라이너 마리아 릴케

습관은 오래 지속된 실천이며 결국은 그 사람이 된다. — 에베누스

제1절 문자열의 구조
제2절 성경 이야기와 단어구름

제1절 문자열의 구조

1.1 벡터와 리스트

문자열(文字列)은 일련의 문자, 특수문자, 숫자 등의 배열이며, 파이썬에서는 큰 곧은따옴표(" ") 또는 작은 곧은따옴표(' ') 안에 넣는다. 문자열을 이해하면 일반 글은 물론, SNS, HTML 등과 같은 형태의 글도 분석이 가능하다.[1]

```
str1 = '안녕하세요'
str2 = [1, [1,2] , 'abcd']          # 리스트 유형
str3 = (1, 2, 3)                    # 튜플 유형
print(str1)
print(str2)
print(str3)
```

안녕하세요
[1, [1, 2], 'abcd']
(1, 2, 3)

```
print(str1[0])                      # 인덱스 0~4
print(str1[4])
print(str1[-1])
print(str2[2])
```

안
요
요
abcd

---

1 HTML은 332쪽을 참조하라.

```
print(str1[0:2])
print(str1[2:])
print(str1[::2])                          # 2글자씩 건너 띄기
```

안녕
하세요
안하요

```
str4 = ' 반갑습니다'
print(str1 + str4)
print(len(str1))                          # 문자열의 크기(length)
```

안녕하세요 반갑습니다
5

```
str1 = '안녕하세요'
s1 = '녕' in str1
s2 = '연' in str1
print(s1); print(s2)
```

True
False

```
print(sorted(str1))                       # 오름차순 정렬
print(sorted(str1, reverse=True))         # 내림차순 정렬
```

['녕', '세', '안', '요', '하']
['하', '요', '안', '세', '녕']

```
num1 = 4; num2 =3
txt1 = '나'; txt2 = '그대'
print('%d와 %d을 합하면 %d이 됩니다.' %(num1, num2, num1+num2))   # d는
실수와 정수 모두 대응
print('%s와 %s가 만나면 우리가 됩니다.' %(txt1, txt2))   # s는 문자열 대응
print('100중 4개는 %d%%입니다.' %num1)               # 퍼센트 표시는 %%
print('4 %c 3 = 12' %'x')                         # c는 문자나 기호 한 개
```

4와 3을 합하면 7이 됩니다.

나와 그대가 만나면 우리가 됩니다.

100중 4개는 4%입니다.

4 x 3 = 12

```
#  이스케이프 문자
print('안녕하세요? \n반갑습니다.')                    # 줄 바꾸기
print('안녕하세요? \t감사합니다.')                    # 탭 건너뛰기
print('안녕하세요? \
반갑습니다.')                                       # \  후  [엔터]는 긴 문장 끊어 쓰기
print('그가 "안녕하세요?"라고 인사했다.')
```

안녕하세요?

반갑습니다.

안녕하세요?   감사합니다.

안녕하세요? 반갑습니다.

그가 "안녕하세요?"라고 인사했다.

1.2 형태소

문자열을 분석하려면 형태소(morpheme)의 개념을 알아야 한다. 형태소는 의미를 가진 가장 작은 말의 단위이며 더 나누면 뜻을 잃어버린다. 다음에서 형태소를 이해하여보자(문서 〉 문단 〉문장 〉 어절 〉 형태소 〉 음절).

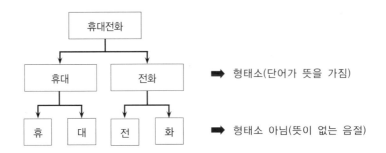

➡ 형태소(단어가 뜻을 가짐)

➡ 형태소 아님(뜻이 없는 음절)

제2절 성경 이야기와 단어구름

2.1 환경 설치

단어구름(워드클라우드)을 만들려면 먼저 환경 조성을 해야 한다. 윈도우 10, 아나콘다 환경에서 다음과 같이 설치하고 진행한다.

1단계 자바 설치 및 환경변수 설정

자바를 다운받기 위해 url을 입력하고 다음 화면이 나올 때까지 진행한다.

https://www.oracle.com/technetwork/java/javase/downloads/index.html

그리고 자신의 운영체제(OS)에 맞는 버전을 선택한다. 최근에는 새로 설치하더라도 환경변수를 자동으로 잡아준다. 만일 여의치 않으면 관련 블로그를 찾아서 참고하기 바란다. 환경변수 설정이 중요하다.

2단계 JPype 설치

JPype는 자바-파이썬을 연동하는 자바모듈로서 자연어 처리를 위해 자바 알고리듬을 파이썬 환경에서 구현한다. 다음 url에서 자신의 파이썬 버전(cp숫자)과 컴퓨터 비트(32 or 64)에 맞는 wheel 파일을 다운받는다.

https://www.lfd.uci.edu/~gohlke/pythonlibs/#jpype%EF%BB%BF

```
JPype: allows full access to Java class libraries.
   JPype1-0.7.1-cp38-cp38-win_amd64.whl
   JPype1-0.7.1-cp38-cp38-win32.whl
   JPype1-0.7.1-cp37-cp37m-win_amd64.whl
   JPype1-0.7.1-cp37-cp37m-win32.whl
   JPype1-0.7.1-cp36-cp36m-win_amd64.whl
   JPype1-0.7.1-cp36-cp36m-win32.whl
   JPype1-0.7.1-cp35-cp35m-win_amd64.whl
   JPype1-0.7.1-cp35-cp35m-win32.whl
   JPype1-0.7.1-cp27-cp27m-win_amd64.whl
   JPype1-0.7.1-cp27-cp27m-win32.whl
   JPype1-0.6.3-cp34-cp34m-win_amd64.whl
   JPype1-0.6.3-cp34-cp34m-win32.whl
```

여기서는 다음의 파이썬 3.7 기반 윈도우 64비트 사양을 선택하고 이 파일을 Anaconda Prompt 에서 설치한다. 이를 위해 [시작단추] 좌클릭 → [Anaconda(64)] → [Anaconda Prompt]에서

pip install JPype1-0.7.1-cp37-cp37m-win_amd64.whl

만일 설치가 안 되면 업그레이드한 후, 즉 pip install — upgrade pip를 입력 실행한다.

3단계 주피터 노트북에서 다음을 차례로 실행 확인한다.

```
pip install KoNLPY
```

```
import jpype
```

```
import konlpy
```

다음을 실행하고 최종 확인한다.

```
from konlpy.tag import Hannanum
han = Hannanum( )
nouns = han.nouns('나는 우리나라를 사랑합니다.')
print(nouns)
```

['나', '우리나라', '사랑']

2.2 성경 이야기의 단어구름 만들기

문자 분석은 문자로 된 자료에서 가치 있는 정보를 얻어내려는 분석 기법이다. 이것이 가능하려면, 문장을 구성하고 있는 단어들을 최소한으로 작게 쪼개서 계량화한다. 그리고 각 단어의 빈도수에 따라 표 또는 그림으로 정리한다. 여기서는 주로 명사를 통하여 텍스트(문자)를 분석하여 글의 내용을 파악할 수 있다. 텍스트를 형태소 단위로 분리하는 방법 중에는 단어→품사 형태로 딕셔너리를 정의하고 이를 이용해 단어를 품사로 분리하는 방법이 있다. 여기서는 주로 명사를 분리하여 분석하는 방법을 예시한다.

KoNLPy(Korean Natural Language Python)는 한국어 정보 처리를 위한 파이썬 패키지이다. 자연어를 처리하려면 앞에서 본 바와 같이 형태소를 분리하는 과정이 필요하다. KoNLPy의 사이트 다음과 같다.

http://konlpy.org/ko/latest/install/

KoNLPy는 Hannanum, Kkma, Komoran, Mecab, Okt(구 Twitter)와 같은 자연어 처리기를 지원

한다. 여기서는 주로 Hannanum 방식을 이용하여 단어구름을 만들고 문자 자료를 단어의 출현 빈도에 따라 핵심 단어를 파악한다.

(1) 문장(텍스트)을 코딩에 직접 넣기[2]

다음을 살펴보자.

```
pip install wordcloud
pip install KoNLPy
```

```
import konlpy
from wordcloud import WordCloud          # 단어구름 용
import matplotlib.pyplot as plt          # 시각화 용
%matplotlib inline                       # 주피터노트북 그림표 도움용

text = '달고 오묘한 그 말씀 생명의 말씀은 귀한 그 말씀 진실로 생명의 말씀이 나의 길과 믿음 밝히 보여
주니 \ 아름답고 귀한 말씀 생명샘이로다 아름답고 귀한 말씀 생명샘이로다'

wc = WordCloud(font_path = 'C:/Windows/Fonts/malgun.ttf', background_
color='pink').generate(text)                    # 내장된 한글 폰트

plt.imshow(wc, interpolation='bilinear')
plt.axis('off')
plt.show()
```

---

2 주피터 노트북을 새로 켜서 작업할 때에는 매번 필요한 라이브러리를 불러와야(import) 한다.

이 결과를 살펴보면 문장에서 띄어쓰기 중심으로 단어들을 분리 예시하였다. 그런데 조사가 함께 나와 적절해 보이지 않는다. 영어에는 조사가 없어 텍스트로 직접 분석이 가능하지만 우리말은 조사를 떼어내서 작업해야 한다. 다음 코딩에서 보는 바와 같이 KoNLPy는 이 작업을 도와준다, 그리고 텍스트 문장이 너무 길면 역슬래시(\)로 표기하는데 자판 오른쪽의 ₩ 글자 단추를 누르면 된다.

```
import konlpy
from collections import Counter
from konlpy.tag import Hannanum

from wordcloud import WordCloud
import matplotlib.pyplot as plt
%matplotlib inline

text = '달고 오묘한 그 말씀 생명의 말씀은 귀한 그 말씀 진실로 생명의 말씀이 나의 길과 믿음 밝히 보여
주니 \ 아름답고 귀한 말씀 생명샘이로다 아름답고 귀한 말씀 생명샘이로다'

han = Hannanum()
nouns = han.nouns(text)
print(nouns)
count = Counter(nouns)
print(count)

wc = WordCloud(font_path = 'C:/Windows/Fonts/malgun.ttf',
    max_font_size = 40,
    width= 200, height=100 ,
    background_color = 'lavender'
    ).generate_from_frequencies(count)

plt.imshow(wc, interpolation='bilinear')
plt.axis('off')
plt.show()
```

['오묘', '말씀', '생명', '말씀', '말씀', '생명', '말씀', '나', '길', '믿음', '밝히', '말씀', '생명샘', '말씀', '생명샘']
Counter({'말씀' : 6, '생명' : 2, '생명샘' : 2, '오묘' : 1, '나' : 1, '길' : 1, '믿음' : 1, '밝히' : 1})

명사들이 잘 나열되어 있다. 단어 빈도수가 많을수록 글자가 커진다. 따라서 말씀이라는 단어가 제일 강하게 강조되고 있으며, 다음으로 생명과 생명샘이다. 이 세 단어만 가지고도 무엇을 뜻하는지 생각하기 어렵지 않다. 아마도 찬송가 가사를 별도로 만들 수 있을 것이다. 다음에서는 구체적으로 각 단어가 몇 회 등장하였는지 데이터프레임 구조로 살펴본다.

```
# 데이터프레임으로 막대 그림표 그리기
%matplotlib inline

from collections import Counter
import matplotlib.pyplot as plt                          # 시각화 모듈 작동
import matplotlib as mpl
import pandas as pd

from matplotlib import font_manager, rc
font_name = mpl.font_manager.FontProperties(fname='C:/Windows/Fonts/malgun.
ttf').get_name()
mpl.rc('font', family=font_name)

se = pd.Series(count)                                     # 시리즈 구조
print(se, '\n')                                          # 한줄 띄우기

sedf = pd.DataFrame(se, columns=['빈도수'])                # 데이터프레임 구조
sedf.index.name = '단어'
sedf = sedf.reset_index()
print(sedf, '\n')

sedf_a = pd.DataFrame.sort_values(sedf, by=['빈도수'], ascending = False)  # 빈
도수 내림차순
sedf_a = sedf_a.reset_index(drop=True)
print(sedf_a)

sedf_a.plot(kind='bar', x='단어', y='빈도수')
```

	단어	빈도수
0	말씀	6
1	생명	2
2	생명샘	2
3	오묘	1
4	나	1
5	길	1
6	믿음	1
7	밝히	1

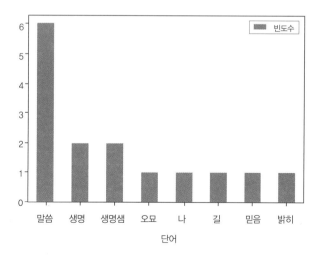

다음에서는 수평(horizontal) 막대 그림표를 그린다.

```
상동

se = pd.Series(count)                          # 시리즈 구조
print(se, '\n')                                # 한줄 띄우기

sedf = pd.DataFrame(se, columns=['빈도수'])
sedf.index.name = '단어'
sedf = sedf.reset_index()
print(sedf, '\n')

sedf_a = pd.DataFrame.sort_values(sedf, by=['빈도수'], ascending = True) # 빈
도수 내림차순
sedf_a = sedf_a.reset_index(drop=True)
print(sedf_a)

sedf_a.plot(kind='barh', x='단어', y='빈도수')
```

아래 수평 막대 그림표에서 빈도수가 큰 단어가 제일 위로 올라오기 위해서는 오름차순으로 정
리해야 한다.

	단어	빈도수
0	오묘	1
1	나	1
2	길	1
3	믿음	1
4	밝히	1
5	생명	2
6	생명샘	2
7	말씀	6

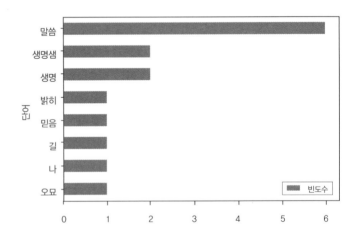

막대 그림표를 통하여 자료의 시각화(visualization)에 성공하였다. 시각화는 자료를 한눈에 파악
하게 해주는 분석 방법이다. 지금까지 텍스트를 프로그램 안에 넣어서 분석해보았다. 그런데 문

장이 길어지면 파일을 만들어 외부에서 불러오면 편리하다.

(2) 텍스트 파일에서 불러오기

다음에서는 대한성서공회 성경읽기의 개역개정판 마가복음 1장을 복사하여 워드클라우드를 만들어보았다. 마가복음은 제자 마가가 예수께서 이 세상에 오시어 어떤 병고침과 이적을 행하셨는가를 잘 기록하였다. 여기서는 이 성경 이야기의 핵심 주제를 파악하기 위해 단어구름을 만들어보았다.

```
import matplotlib.pyplot as plt
from wordcloud import WordCloud, STOPWORDS
import matplotlib.pyplot as plt

filename = 'D:\BPy\마가1.txt'
text = open(filename, 'r', encoding='utf-8').read()

wordcloud = WordCloud(font_path='C://Windows//Fonts//malgun.ttf',      )
    stopwords=STOPWORDS,      # STOPWORDS 옵션은 공백/줄바꾸기 기준으로 단어추출
    bac kground_color='white',      # 배경색
    width=1000, height=800,          # 워드클라우드의 크기 지정
    colormap='brg'                # 단어 색깔 blue red green, PuRdfh 대체 시도
    ).generate(text)              # text 방식

plt.figure(figsize=(13,13))        # 결과물 크기
plt.imshow(wordcloud)
plt.axis("off")                    # pyplot의 x, y축 표시 없애기.
plt.show()                         # 결과 보여주기
```

이 결과는 마가복음 제1장을 여과 없이 보여주고 있다. 예수께서 오시어서 말씀하시고(이르시되) 세례를 행하신 걸로 보인다. 다음에서는 한 글자로 이루어진 단어를 제거한 후 상위 핵심단어 20개를 뽑아서 내용을 분석해본다. 이를 위해 데이터프레임 구조를 만든다.

```
import konlpy
from konlpy.tag import Hannanum
from collections import Counter

from wordcloud import WordCloud
import matplotlib.pyplot as plt
%matplotlib inline

filename = 'D:\BPy\마가1.txt'
text = open(filename, 'r', encoding='utf-8').read()

han = Hannanum()
nouns = han.nouns(text)
for i, j in enumerate(nouns):
    if len(j) <2:
        nouns.pop(i)
count = Counter(nouns)
print(count)

wc = WordCloud(font_path = 'C:/Windows/Fonts/malgun.ttf',
    max_font_size = 30, max_words = 20,
    width= 200, height=100 ,
    background_color = 'lavender', colormap='Set1'
    ).generate_from_frequencies(count)

plt.figure(figsize=(12, 8))
plt.imshow(wc, interpolation='bilinear')
plt.axis('off')
plt.show()
```

위에서 중요해 보이지 않는 단어들, 예컨대 "그들", "하시" 등을 제거한 후에 다시 만들어본다.

```python
import konlpy
from konlpy.tag import Hannanum
from collections import Counter
from wordcloud import WordCloud
from wordcloud import STOPWORDS
import matplotlib.pyplot as plt
%matplotlib inline

filename = 'D:\BPy\마가1.txt'
text = open(filename, 'r', encoding='utf-8').read()

han = Hannanum()
nouns = han.nouns(text)

for i, j in enumerate(nouns):
    if len(j) <2:                          # 한 글자 제거
        nouns.pop(i)
count = Counter(nouns)
print(count)

count.pop('하시')                          # '하시' 제거
count.pop('그들')
count.pop('나')
count.pop('4')
count.pop('그')

noun_list = count.most_common(20)          # 명사 빈도 카운트 (최대 20개 단어)
for i in noun_list:
    print(i)

wc = WordCloud(font_path = 'C:/Windows/Fonts/malgun.ttf',
    max_font_size = 40,
    max_words =20,
    width= 200, height=100,
    background_color = 'lavender', colormap='Set1'
    ).generate_from_frequencies(count)

plt.figure(figsize=(12, 8))
plt.imshow(wc, interpolation='bilinear')
plt.axis('off')
plt.show()
```

Counter({'사람' : 14, '예수께' : 8, '예수' : 7, '세례' : 7, '복음' : 5, '요한' : 5, '그' : 5, '하시' : 5, '깨끗' : 5, '소리' : 4, '너희' : 4, '4' : 4, '전파' : 4, '시몬' : 4, '회당' : 4, '아들' : 3, '광야' : 3, '나' : 3, '성령' : 3, '예수께서' : 3, '하나님' : 3, '그물' : 3, '그들' : 3, '우리' : 3, '귀신' : 3, '3' : 2, '앞' : 2, '네' : 2, '길' : 2, '회개' : 2, '자기' : 2, '강' : 2, '2' : 2, '받으시다' : 2, '하늘' : 2, '너' : 2, '시험' : 2, '5' : 2, '형제' : 2, '안드레' : 2 〈이하 생략〉

참고 다음은 위 프로그램의 명사 빈도 카운트(최대 20개 단어) 예시이다.

```
noun_list = count.most_common(20)
for i in noun_list:
    print(i)
```

('사람', 14)
('예수께', 8)
('예수', 7)
('세례', 7)
('복음', 5)
('요한', 5)
('깨끗', 5)
('소리', 4)
('너희', 4)
('전파', 4)
('시몬', 4)

('회당', 4)
('아들', 3)
('광야', 3)
('성령', 3)
('예수께서', 3)
('하나님', 3)
('그물', 3)
('우리', 3)
('귀신', 3)

마가복음 2장을 분석하고 1장과 비교해보는 것도 흥미있는 일이 될 것이다. 각자 시도해보기 바란다.

(3) HTML 문서를 불러와서 분석하기

웹(Web)의 HTML 문서는 XML(Extensible Markup Language)이라고 부르는 마크업 언어이다. 마크업은 텍스트의 특정 위치에서 삽입되는 문자나 기호(찾아보기, 링크하기 등)를 말하며, 흔히 태그 부호(〈〉, 꺾쇠 괄호)를 사용한다. 이 마크업 정보로 표현한 언어를 마크업 언어라고 한다. HTML은 문화어라 하며, 현대인이 필수적으로 알아야 하는 언어가 되고 있다.

웹 자료를 분석하려면 두 가지 개념을 알아야 한다. 하나는 HTML(Hyper Text Markup Language; 초과문자 마크업 언어)이고, 다른 하나는 API[3]이다.

여기서는 HTML에 대해서만 설명하겠지만, 먼저 웹에 대하여 간단히 살펴보는 것이 지식에 도움이 될 것으로 보인다. 웹 데이터는 무궁무진하다. 숫자 자료뿐만 아니라 SNS나 신문기사와 같은 문자 자료도 넘쳐난다. 웹 데이터를 분석하기 위해 내 컴퓨터에 끌어들이는 행위를 크롤링

---

3 API(Apllication Programming Interpace, 응용 프로그래밍 인터페이스)는 응용 프로그램에서 사용할 수 있도록, 운영 체제나 프로그래밍 언어가 제공하는 기능을 제어할 수 있게 만든 인터페이스를 뜻한다. 주로 파일 제어, 창 제어, 화상 처리, 문자 제어 등을 위한 인터페이스를 제공한다(위키백과).

(crawling)이라고 부른다.

크롤링 시작을 위해 웹의 기본 원리에 대해 알아보자.

웹은 기본적으로 인터넷의 하위 개념이다. 인터넷 공간에서 통신하려면 서로 규약이 필요하다. 서로 이해할 수 있는 언어로 이루어져야 하고, 물리적인 연결 및 전송도 필요하다. 이러한 규약 중 하나가 HTTP(HyperText Transfer Protocol, 하이퍼본문전송규약) 통신이다. 이 통신을 통해 인터넷상에서 정보를 가져올 수 있다. 이것을 가능하게 해주는 것이 크롬이나 익스플로러 같은 웹 브라우저(browser)이다. 여기서 HTTP 프로토콜(웹의 통신규약)이 필요한 것이다.

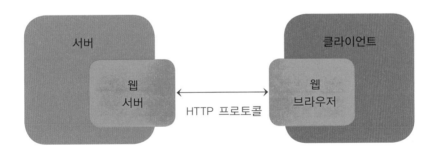

웹 크롤링은 웹의 언어를 가져와서 원하는 정보를 수집하고 분석한다. 또한 웹에서는 일반적으로 HTML, CSS, Javascript 같은 파일 형태로 그런 응답에 요청한다. R이나 파이썬 같은 여러 컴퓨터 언어의 크롤러들은 바로 이 파일의 구문을 분석하고 해석하여 데이터를 추출한다.

예를 들어 다음의 웹 url 문서를 살펴보자.

"http://news.mt.co.kr/mtview.php?no=2018052820220079103"

먼저 크롬(chrom)에서 url을 붙여 실행한다.

그리고 [F12] 단추를 누르면 왼쪽에 본문, 오른쪽에 HTML 문서가 나온다.

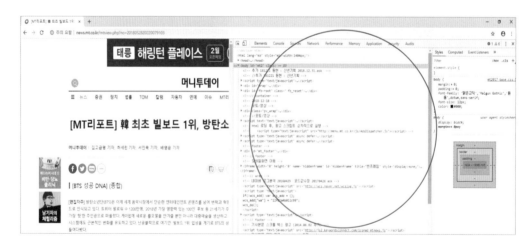

HTML 문서는 크게 머리(head)와 몸통(body)으로 나누어져 있으며, 머리는 제목과 encoding 문제를 다루고, 몸통은 본문(contents)을 담는다. 따라서 head 파트에서는 인코딩 방식을 발견하고,

body 파트에서는 텍스트 방식을 찾아야 한다.

위에서 ▶ 부호는 그 안에 여러 내용이 감추어져 있고, ▼ 부호는 이미 전체를 보여주고 있다는 표시이다.

이와 같이 네이버 뉴스의 HTML 문서를 불러와서 분석하는 웹 크롤링은 웹에서 분산 저장되어 있는 문서를 수집하여 검색 대상의 색인으로 포함시킨다. 기회가 되는 대로 각자 공부하기 바란다.

🐍 python 생각

자료 분석의 대상은 숫자뿐만 아니라 문자도 포함된다. 사람들은 문자를 주고받는 가운데 자신의 의사를 표명하기 때문에 분석가들은 많은 관심을 가진다. 한글 문자 분석은 파이썬의 KoNLPy, R의 KoNLP 덕분에 가능하다. 문자자료 분석은 단어 빈도에 기초한 단어구름뿐만 아니라, 질적인 감성 분석, 언론사의 의견 비교 등 비정형자료 분석 같은 다양한 분야로 확장되고 있다. 그리고 HTML 문서도 분석 가능하다.

강병서(2020), **연구논문을 위한 R과 파이썬 머신러닝 어프로치**, 한경사.

강병서(2019), **스크래치와 R 코딩 어드벤처**, 한경사.

강병서(2015), **다변량 통계학**, 한경사.

강병서 · 김계수(2009), **SPSS 17.0 사회과학 통계분석**, 한나래 아카데미.

강병서 · 조철호(2006), **연구조사방법론**, 무역경영사.

강병서 외(2019), **현대통계학**, 무역경영사.

권정민 옮김(2013), **빅데이터 분석도구 R 프로그래밍**, 노만 매트로프 원저, 에이존.

김계수(2017), **가치창출을 위한 R 빅데이터 분석**, 한나래 아카데미.

김의석 옮김(2017), **10대를 위한 첫코딩**, Young Rewired State 원저, 반니, 4판.

박해선 옮김(2019), **머신러닝 교과서 with 파이썬, 사이킷런, 텐서플로**, S. 라시카와 V. 미자리리 원
        저, 길벗.

신종섭 · 강병서(2019), **알기 쉬운 R 데이터 분석**, 한경사.

장삼용(2018), **초보자를 위한 파이썬 200제**, 정보문화사.

전현희 외(2019), **초등코딩 스크래치**, ㈜도서출반 길벗.

한희선(2016), **데이터 분석 분석도구**, 구민사.